風雲時代

風雲時代

改變
千萬人一生的
16部著作

汪建民 著

目錄
CONTENTS

〔前言〕

領略好書的靈魂

「每一本書都是一個用黑字印在白紙上的靈魂，只要我的眼睛我的理智接觸了它，它就活起來了。」俄羅斯著名作家高爾基說。

好的書籍，可以讓我們開闊視野，豐富閱歷。在如今許多人精神理想缺失、心靈危機難以避免的浮躁年代，書籍如同一盞明燈、一架望遠鏡，讓我們看得更清晰、更遠。同時也讓我們知道誰與我們同行，誰與我們一起看到了異樣的風景，我們又該如何進行調整。在和他人所見的對比中，選擇屬於自己的路，也不錯過他人遇到的，我們就可以放眼全景，不局限於視野所能領略的圖畫。

偉大的思想不因時間的流逝而消失，無論時間過多久，初次閃現在我們腦海裡的偉大思想今天依然清新如故。偉人當時的言論和思想初刊於書，如今依然那麼生動感人。時間可以淘汰不好的作品，而只有真正的佳作能經世長存。

英國浪漫詩人哈茲利特說過：「書潛移默化人們的內心，詩歌薰陶人們的氣質品性。少小所習，老大不忘，恍如身歷其事。書籍價廉物美，不啻我們呼吸的空氣。」閱讀一本好書可以勵志人的一生，參透一個故事可以明白一個哲理，看清一個人物可以感知一段經歷。好書如同最精美的寶器，珍藏著人生思想的精華，引導著我們與最優秀的人物為伍，同他們情感交融，悲喜與共。

伴隨著社會的發展，各種機會不斷增多，個人的品行、素質和才智已成為我們在社會中立足並發展的重要條件。很多缺少社會經驗的人急需要在此方面得到有益的指導以儘快實現自己的理想，同時現代社會崇尚財富與個人事業成功的氛圍日益濃厚，鼓勵人們勇於面對各種困難，本書選取了市場上暢銷的十六部經典著作，攝取其中的精華並加以分析。旨在緩解人們緊張的工作、生活壓力並幫助解決事業、人生等諸多難題，鼓勵人們開拓、進取，爭取成功。本書集十六部經典著作的核心於一體，幫助人們多角度拓寬事業和心靈的空間、啓迪智慧、增強自信心和意志力。

希望本書可以給讀者的心靈以精神和智慧的滋養，給讀者的思想以理論的營養，希望通過本書的閱讀可以使讀者重拾積極樂觀的心態，認真地面對工作和生活。

1

狼圖騰

草原狼的精神和智慧無不影響著草原上的蒙古人，他們很崇拜狼，把狼拜為圖騰，學習狼的生存精神和作戰本領。草原狼的精神世代影響著草原的人們，使他們有著頑強的生命力和強大的戰鬥力。理解了狼性，也就會明白為什麼成吉思汗的鐵蹄能夠掃蕩千軍萬馬橫跨歐亞大陸。在天與地的廣袤中，他們依賴著狼，依賴著牛羊、馬群、狗和其他生物的相互生存的生物鏈，用一種狼圖騰的精神打出了歷史上最大的版圖，那才是真正的征服，出於自然和精神上的征服。

1

狼圖騰

姜戎

狼圖騰崇拜起始於華夏最古老的羌族、犬戎族和古匈奴葷粥，後經白狼、匈奴、高車、鮮卑、突厥、契丹等遊牧民族，一直延續到現代的蒙古民族。這是世界上歷史最悠久的遊牧民族圖騰。在蒼茫的西北和蒙古草原上，一個又一個的遊牧民族被更強悍的遊牧民族打敗，而狼圖騰和狼精神卻永世長存。

作品簡介

《狼圖騰》是一部描繪、研究蒙古草原狼的「曠世奇書」。

本書由幾十個有機連貫的「故事」一氣呵成，情節異常緊張激烈。那些精靈一般的蒙古草原狼隨時從書中呼嘯而出：狼的每一次偵察、佈陣、伏擊、奇襲的高超技術；狼對氣象、地形的巧妙利用；狼的視死如歸和不屈不撓；狼族中的友愛親情；狼與草原萬物的關係——無不使我們聯想到人類，進而讓我們聯想到了人類歷史中那些迄今爲止未解的一個個疑問：當年區區十幾萬蒙古騎兵爲什麼能夠橫掃歐亞大陸？中華民族今日遼闊疆土由來的深層原因？歷史上究竟是華夏文明征服了遊牧民族，還是遊牧民族一次次爲漢民族輸血才使中華文明得以延續？爲什麼中國馬背上的民族，從古至今不崇拜馬圖騰而信奉狼圖騰？中華文明從未中斷的原因，是否在於中國還存在著一個從未中斷的狼圖騰文化？於是，我們不能不追思遙想，不能不面對我們曾經輝煌也曾經破碎的山河和歷史發出叩問：我們口口聲聲自詡是炎黃子孫，可知「龍圖騰」極有可能是從遊牧民族「狼圖騰」演變而來？華夏民族的「龍圖騰崇拜」，是否將從此揭秘？我們究竟是龍的傳人還是狼的傳人？

篇目選摘

當陳陣在雪窩裡用單筒望遠鏡鏡頭，套住了一頭大狼的時候，他看到了蒙古草原狼鋼錐一樣的目光。陳陣全身的汗毛又像豪豬的豪刺一般豎了起來，幾乎將襯衫撐離了皮肉。畢利格老人就在他的身邊，陳陣這次已沒有靈魂出竅的感覺，但是，身上的冷汗還是順著豎起的汗毛孔滲了出來。雖然陳陣來到草原已經兩年，可他還是懼怕蒙古草原上的巨狼和狼群。在這遠離營盤的深山，面對這麼大的一群狼，他嘴裡呼出的霜氣都顫抖起來。陳陣和畢利格老人，這會兒手上沒有槍，沒有長刀，沒有套馬杆，甚至連一副馬鐙這樣的鐵傢伙也沒有。他們只有兩根馬棒，萬一狼群嗅出他們的人氣，那他倆可能就要提前天葬了。

陳陣又哆哆嗦嗦地吐出半口氣，才側頭去看老人。畢利格正用另一隻單筒望遠鏡觀察著狼群的包圍圈。老人壓低聲音說：就你這點膽子咋成？跟羊一樣。你們漢人就是從骨子裡怕狼，要不漢人怎麼一到草原就淨打敗仗。老人見陳陣不吱聲，便側頭小聲喝道：這會兒可別嚇慌了神，弄出點動靜來，那可不是鬧著玩的。陳陣點了一下頭，用手抓了一把雪，雪在他的掌心被捏成了一坨冰。

側對面的山坡上，大群的黃羊仍在警惕地搶草吃，但似乎還沒有發現狼群的陰謀。狼群包圍線的一端已越來越靠近倆人的雪窩，陳陣一動也不敢動，他感到自己幾乎凍成了一具冰雕……

這是陳陣在草原上第二次遇到大狼群。此刻，第一次與狼群遭遇的驚悸又顫遍他的全身。他相信任何一個漢人經歷過那種遭遇，他的膽囊也不可能完好無損。

兩年前陳陣從北京到達這個邊境牧場插隊的時候，正是十一月下旬，額侖草原早已是一片白雪皚皚。知青的蒙古包還未發下來，陳陣被安排住在畢利格老人家裡，分配當了羊倌。一個多月後的一天，他隨老人去八十多里外的場部領取學習文件，順便採購了一些日用品。臨回家時，老人作為牧場革委會委員，突然被留下開會，可是場部指示那些文件必須立即送往大隊，不得延誤。陳陣只好一人騎馬回隊。臨走時，老人將自己那匹又快又認家的大青馬，換給了陳陣，並再三叮囑他，千萬別抄近道，一定要順大車道走，一路上隔上二三十里就有蒙古包，不會有事的。

陳陣一騎上大青馬，他的胯下立即感到了上等蒙古馬的強勁馬力，就有了快馬急行的衝動。剛登上一道山梁，遙望大隊駐地的查干窩拉山頭，他一下子就把老人的叮囑扔在腦後，率性地放棄了繞行二十多里地走大車道的那條路線，改爲徑直抄近路插向大隊。

天越來越冷，大約走了一半路程，太陽被凍得瑟瑟顫抖，縮到地平線下面去了。雪面的寒氣升上半空，皮袍的皮板也已凍硬。陳陣晃動胳膊、皮袍肘部和腰部，就會發出嚓嚓的摩擦聲。大青馬全身已披上了一層白白的汗霜，馬踏厚厚積雪，馬步漸漸遲緩。丘陵起伏，一個接著一個，四周是望不到一縷炊煙的蠻荒之地。大青馬仍在小跑著，並不顯出疲態。牠跑起來不顛不晃，儘量讓人騎著舒服。陳陣也就鬆開馬嚼子，讓牠自己掌握體力、速度和方向。陳陣忽然一陣戰慄，心裡有些莫名的緊張——他怕大青馬迷路，怕變天，怕暴風雪，怕凍死在冰雪荒原上，但就是忘記了害怕狼。

快到一個山谷口，一路上大青馬活躍亂動、四處偵聽的耳朵突然停住了，並且直直地朝向谷口的後方，開始抬頭噴氣，步伐錯亂。陳陣這還是第一次在雪原上單騎走遠道，根本沒意識到前面的危險。大青馬急急地張大鼻孔，瞪大眼睛，自作主張地改變方向，想繞道而走。但陳陣還是不解馬意，他收緊嚼口，撥正馬頭繼續朝前小跑。馬步越來越亂，變成了半走半跑半顛，而蹄下卻蹬踏有力，隨時就可狂奔。陳陣知道在冬季必須愛惜馬力，死死地勒住嚼子，不讓馬奔起來。

大青馬見一連串的提醒警告不起作用，便回頭猛咬陳陣的氈靴。陳陣突然從大青馬恐怖的眼球裡看到了隱約的危險。但為時已晚，大青馬哆嗦著走進了陰森山谷喇叭形的開口處。

當陳陣猛地轉頭向山谷望去時，他幾乎嚇得栽下馬背。距他不到四十米的雪坡上，在晚霞的天光下，竟然出現了一大群金毛燦燦、殺氣騰騰的蒙古狼。全部正面或側頭瞪著他，一片錐子般的目光颼颼飛來，幾乎把他射成了刺蝟。離他最近的正好是幾頭巨狼，大如花豹，足足比他在北京動物園裡見的狼粗一倍、高半倍、長半個身子。此時，十幾條蹲坐在雪地上的大狼呼的一下全部站立起來，長尾統統平翹，像一把把即將出鞘的軍刀，一副弓在弦上、居高臨下、準備撲殺的架勢。狼群中一頭被大狼們簇擁著的白狼王，牠的脖子、前胸和腹部大片的灰白毛，發出白金般的光亮，耀眼奪目，射散出一股凶傲的虎狼之威。整個狼群不下三四十頭。後來，陳陣跟畢利格詳細講起狼群當時的陣勢，老人用食指刮了一下額上的冷汗說，狼群八成正在開會，山那邊正好有一群馬，狼王正給手下佈置襲擊馬群的計畫呢。幸虧這不是群饑狼，毛色發亮的狼就不是餓狼。

陳陣在那一瞬其實已經失去任何知覺。他記憶中的最後感覺是頭頂迸出一縷輕微但極其恐怖的聲音，像是口吹足色銀元發出的那種細微震顫的錚錚聲。這一定是他的魂魄被擊出天靈蓋的抨擊聲。陳陣覺得自己的生命曾有過幾十秒鐘的中斷，那一刻他已經變成了一個靈魂出竅的軀殼，一具虛空的肉身遺體。很久以後陳陣回想那次與狼群的遭遇，內心萬分感激畢利格阿爸和他的大青馬。陳陣沒有栽下馬，是因為他騎的不是一般的馬，那是一匹在狼陣中長大、身經百戰的著名獵馬。

事到臨頭，千鈞一髮之際，大青馬突然異常鎮靜。牠裝著沒有看見狼群，或是一副無意衝攪狼們聚會的樣子，仍然踏著趕路過客的步伐緩緩前行。牠挺著膽子，控著蹄子，既不掙扎擺動，也不奪路狂奔，而是極力穩穩地馱正鞍子上的臨時主人，像一個頭上頂著高聳的玻璃杯疊架盤的雜技高手，在陳陣身下靈敏地調整馬步，小心翼翼地控制著陳陣脊椎中軸的垂直，不讓他重心傾斜失去平衡，一頭栽進狼陣。

可能正是大青馬巨大的勇氣和智慧，將陳陣出竅的靈魂追了回來。也可能是陳陣忽然領受到了騰格里（天）的精神撫愛，為他過早走失上天的靈魂，糅進了信心與定力。當陳陣在寒空中遊飛了幾十秒的靈魂，再次收進他的軀殼時，他覺得自己已經僥倖復活，並且冷靜得出奇。

——摘自《狼圖騰》第一章

……滿族和達斡爾、鄂倫春、鄂溫克一些薩滿所崇敬的黑狼神，牠是勇敢無敵、疾惡如仇的除惡驅暴的薩滿護神與助手，凡是遇到凶險、奸猾、夜間施暴的魔怪，都要委託牠用智勇在黑暗中吞噬。牠是瘋狼，然而牠也是惡魔鬼魂的殺手。

——富育光《薩滿論》

又輪到陳陣給羊群下夜，有二郎守著羊群，他可以一邊下夜一邊在包裡的油燈下看書做筆記。爲了不妨礙兩位夥伴睡覺，他把矮桌放到蒙古包門旁邊，再用豎起的兩本厚書擋住燈光。草場寂靜無聲，聽不到一聲狼嗥，三條大狗一夜未叫，但都豎著耳朵，警覺地守夜。他也只出過一次包，打著手電筒圍著羊群轉了一圈，二郎總是守臥在羊群的西北邊，讓陳陣感到放心。他摸摸二郎的大腦袋，表示感謝。他還是不敢大意不敢閉眼，看書一直看到後半夜才睡下。第二天上午睡醒了覺，陳陣出門後的第一件事就是給小狼餵食。

來到夏季新草場以後，小狼總是從天一亮就像蹲守伏擊獵物一樣，盯著蒙古包的木門，瞪著牠的食盆。在小狼的眼裡，這個盆就是活動的「獵物」，牠像大狼那樣耐心地等待戰機，等「獵物」走到牠跟前，然後突然襲擊「獵物」，因此，搶到嘴的食物就是牠打獵打到的，而不是人賜給牠的。這樣小狼仍然保持了牠狼格的獨立。陳陣也故意裝出怕牠的樣子，急退幾步，但經常忍不住樂出聲來。

內蒙古高原在夏天雨季到來之前，常常有一段乾旱酷熱的天氣，這年的熱度似乎比往年更高。陳陣覺得蒙古的太陽不僅出得早，而且還比關內的太陽離地面低，才是上午十點多鐘，氣溫已經升到關內盛夏的正午了。強烈的陽光把蒙古包附近的青草曬卷，每根草葉被曬成了空心的綠針。蚊子還未出來，但草原上由肉蛆變出來的大頭蒼蠅，卻像野蜂群似的湧來，圍著人畜全面進攻。蒼蠅專攻人畜的腦袋，叮吸眼睛、鼻孔、嘴角和傷口的分泌物，或者掛在包內帶血的羊肉條。人狗狼一刻不停地晃頭揮手揮爪，不勝其煩。機警的黃黃經常能用閃電般的動作，將眼前飛舞的大蒼蠅，一口咬進嘴裡，嚼碎以後再吐出來。不一會兒，牠身旁的地面上，就落了不少像西瓜子殼般的死蠅。

陽光越來越毒，地面熱霧蒸騰，整個草場盆地熱得像一口烘炒綠茶的巨大鐵鍋，滿地青草都快炒成乾綠新茶了。狗們都趴在蒙古包北面窄窄的半月形的陰影裡，張大了嘴，伸長舌頭大口喘氣，肚皮急速起伏。陳陣發現二郎不在陰影裡，他叫了兩聲，二郎也沒露面，牠又不知上哪兒蹓躂，也可能到河裡涼快去了。二郎在牠下夜上班時候盡責盡心，全隊的人已經不叫牠野狗了，但一到天亮，牠「下班」以後，人就管不著牠了，牠想上哪兒去就上哪兒去，不像黃黃和伊勒白天也忠心守家。

此刻，小狼的處境最慘。毒日之下，小狼被一根滾燙的鐵鍊拴著，無遮無掩，活活地被曝曬著。狼圈中的青草早已被小狼踩死踩枯，狼圈已變成了圓形的黃沙地，像一個火上的平底鍋，裡面全是熱燙的黃沙。而小狼則像一個大個兒的糖炒毛栗子，幾乎被烤焦烤糊了，眼看就像要開裂炸殼。可憐的小狼不僅是個囚徒，而且還是個上曬下烤，天天受毒刑的重號犯。

小狼一見門開，呼地用兩條後腿站起來，鐵鍊和項圈勒出了牠的舌頭，兩條前腿拚命在空中敲鼓。小狼此時最想要的好像不是蔭涼，也不是水，仍然是食物。狼以食爲天，幾天來，陳陣發現小狼從來沒有熱得吃不下飯的時候，天氣越熱，狼的胃口似乎越大。小狼拚命敲鼓招手，要陳陣把牠的食盆放進牠的圈裡。然後把食盆「搶獵」到手，再凶狠地把陳陣趕走。

陳陣犯愁了。草原進入夏季，按牧民的傳統習慣，夏季以奶食爲主，肉食大大減少，每日一茶一餐，手把肉不見了。主食變成了各種麵食，小米、炒米和各種乳製品：鮮奶豆腐、優酪乳豆腐、黃油、奶皮子等。牧民喜食夏季新鮮奶食，可知青還沒有學會做奶食，一方面是不習慣以奶食代替肉食；更主要的是知青受不了做奶食的那份苦。誰也不願意在淩晨三點就爬起來，擠四五個小時的牛奶，然後不間斷地用搗棒慢慢地搗優酪乳桶裡的發酵優酪乳，搗上幾千下才算完；更不願意到下午五六點鐘母牛回家以後，再擠上三四個小時的奶，以及第二天一系列煮、壓、切、曬等麻煩的手工勞動。知青寧肯吃小米撈飯、素麵條、素包子、素餃子、素餡餅，也不願去做乳製品。夏季牧民做奶食，而知青就去採野菜，採山蔥、野蒜、馬蓮韭、黃花、灰灰菜、蒲公英等，還有一種東北外來戶叫作「哈拉蓋」的、類似菠菜形的大葉辣麻味野菜。夏季斷肉，牧民和知青正好都改換口味，嘗個新鮮。這樣一來，卻苦了陳陣和小狼。

草原民族夏季很少殺羊，一則因爲殺一隻大羊，大部分的肉無法儲存。天太熱，蒼蠅又多，放兩天就發臭生蛆。牧民的辦法是將鮮羊肉割成拇指粗的肉條，沾上麵粉，防蠅下卵，再掛在繩上放到包裡的陰涼處，晾成乾肉條。每天做飯的時候，切兩根肉乾條放在麵條裡，只是借點肉味而已。如果碰上連續陰天，肉條照樣發綠發臭變質長蛆。二則，還因爲夏天是羊上水膘的季節，羊上足水膘以後，到秋季還得抓油膘。兩膘未上，夏羊只是肉架子，肉薄、油少、味差，牧民也不愛吃。而且夏季羊剛剪過羊毛，殺羊後羊皮不值錢，只能做春秋季穿的剪茬毛薄袍。畢利格老人說，夏天殺羊是糟踐東西。牧民夏季少殺羊吃，就像農民春天不會把麥苗割下來充饑一樣。

——摘自《狼圖騰》第二十二章

陳陣問：爲什麼？

老人目光黯淡，發出一聲長歎：狼少了，獺子就容易上套了。秋天的狼是靠吃肥獺子上膘的，狼沒膘也過不了冬。狼打獺子也專打大的不打小的，所以狼也年年有獺子吃。在草原，只有蒙古牧民和蒙古狼明白騰格里定下的草原規矩。

兩人漸漸接近大獺山。突然，兩人發現那裡的山窪處紮了兩頂帆布帳篷，帳外炊煙升起，還有一掛大車和木桶水車，一副臨時工棚的景象。

糟了！他們又搶先了一步。畢利格老人臉色陡變，氣得兩眼冒火，朝帳篷衝去。

兩匹馬還沒有跑進帳篷，就聞到香噴噴的獺肉和獺油的氣味。兩人在帳篷前急忙下馬，看到帳外地灶上有一口巨鍋，大半鍋棕色旱獺油，正咕嘟咕嘟冒著油泡；幾隻熬乾了油膘，只剩下肉身的大獺子在鍋裡翻滾，獺肉已炸得焦黃酥脆。一個年輕民工剛剛撈出一隻炸透的獺子，又準備再往鍋裡下一隻剝了皮、淨了膛，滿身肥膘的獺子。老王頭和一個民工坐在一隻破木箱旁，破木箱上放著一碗黃醬，一碟椒鹽和一盤生蔥。兩人一邊對著酒瓶嘴喝酒，一邊大嚼著油炸獺子，快活之極。

大鍋旁邊一個大號鐵皮洗衣盆裡，盛滿著剝了皮的獺子，其中大部分是僅有尺把長的小獺子。草地上，放著幾塊大門板和十幾張飯桌大小的柳條編，上面鋪滿了大大小小的獺皮，足有一兩百張。陳陣跟老人走進帳篷，帳篷地下摞著幾摞半人多高已經曬乾的獺皮，有一百多張。帳篷中央放著一個一米多高的汽油筒，筒裡已裝半筒獺子油，地上還散放著一些小號的油壺油桶。

老人又衝出帳篷外，走到鐵皮盆前，用馬棒撥拉開表面的幾隻小獺子，發現底下還有幾隻油膘很薄的母獺子。

老人氣得用馬棒猛敲鐵皮盆，對老王大吼：誰讓你們把母獺子和小獺子都打了？這是大隊的財產，這是額侖世世代代的牧民，費老了勁才留下來的獺子，你們膽子也太大了，不經過大隊的同意就敢殺掉這麼多的獺子！

老王頭醉醺醺地繼續喝酒吃肉，不緊不慢地說：我哪敢在您老的地盤上打獺子啊，可這還是您老的地盤嗎？連你們大隊都歸了兵團了。告訴您吧，是團部派我們來打的。孫參謀長說啦，旱獺毀草場，旱獺還是狼群過冬前的主食，滅了旱獺，狼群不就過不了冬了嗎？團部下令，滅狼大會戰必須把旱獺一塊消滅。師部醫院的大夫說，旱獺會傳鼠疫，這會兒那麼多的人進了這塊地界，要是得了傳染病你負責啊？

畢利格老人憋了半天又吼道：就是團部下令也不成！你們把獺子打光了，牧民拿什麼來做皮活？要是籠頭轠繩斷了，馬驚了，人傷了，誰負責？你們是破壞生產！

老王頭噴了一口酒氣說：上頭讓我們打的，自然有人負責唄，您老有本事就去找上頭去說啊，衝我們幹力氣活的人嚷嚷有啥用。老王頭又瞧了一眼老人馬鞍上的麻袋說：您老不也是來打獺子的嗎？許你打，爲啥就不許我打？野物也不是你們家養的，誰打著就歸誰。

老人氣得鬍鬚亂顫，說：你等著，我一會兒就回去叫馬倌來，這些皮子和油，都得給我送到大隊去！

老王說：這些獺肉獺油，都是團部食堂定的，明兒就得給他們送去。你要是叫人來搶，儘管搶，到時候可有人跟你算帳！這些皮子也早就有大官定好了，連包主任都得親自給他送貨去。

老人垂著手，被噎得半天說不出話來。

陳陣冷冷地說道：你們本事真不小啊，一氣打了這麼多旱獺！大獺小獺連窩端，看你們明年還打什麼！

老王頭說：你們不是管我們叫盲流嗎，盲流盲流，「盲目流動」，還管什麼明年，哪兒有吃的就往那兒流，過一年就算一年唄。你們替獺子操心，可誰替盲流操心了？

陳陣知道，同這些痞子盲流根本無理可講。他只想知道他們是用什麼絕招打了這麼多的旱獺，難道他們也會下有彈性的活套？陳陣轉了口氣問：你們用的什麼法子，打了這麼多的獺子？

老王得意地說：想跟咱學一手？晚啦！這片獺山剩不下幾窩洞了。大前天，我們就往師部送了一大車獺子肉和油呢……想知道咋打的啊？上山去見識見識吧，再晚了就見不著啦。

陳陣扶老人上了馬，兩人直奔山頭。在最東北的一個小山包上有四五個人正彎著腰忙活，兩人全速衝了過去。老人大叫：住手！住手！民工停下手裡的活，站起來張望。兩人下了馬，陳陣一見眼前的陣勢，驚怵得全身發麻。山包頂側有五六個獺洞，他一看便知，這是一窩獺子的連環洞。但是除了主洞和一個輔洞以外，其他四個洞都已經被土石封死。最讓陳陣感到恐怖的是，一個爲首的民工，手裡握著一隻一尺多長的小獺子，小獺正拚命掙扎。在小獺子的尾巴上赫然拴著一掛大鞭炮，那條短尾上還繫著一根繩子，繩子的一頭又拴著一卷拳頭大小的舊氈子，上面沾滿了紅色的辣椒麵，氈子上剛倒上了柴油，氣味沖鼻。旁邊一個民工手裡拿著一盒火柴。如果再晚來一會兒，他們就要把小獺放進洞，再點火炸洞熏洞了。

畢利格老人急跑兩步，把一隻腳踩進洞裡。然後坐在洞旁，大聲呵斥民工，讓他們把手裡的東西都放下。幾位民工對這位管了他們一夏天的頭頭，不敢造次，趕緊解繩子。

——摘自《狼圖騰》第三十四章

人生啟示

《狼圖騰》是一部因狼而起的極富哲學性的書，裡面講的故事娓娓動人。相信很多人聽起「狼」這個字眼，就會感到驚恐。因爲在人們的眼中，狼就是一個殘忍、恐怖的動物。但是「狼」其實並沒有那麼可怕。

從這本書中我們可以看出草原狼，牠具有太多讓人感到羞愧和敬仰的精神力量。現實生活中沒有多少人能夠像草原狼那樣不屈不撓地按照自己的意志生活，甚至不惜以自己生命爲代價，來抗擊幾乎不可抗拒的外來力量。狼的那種不屈不撓的精神，值得我們每個人去學習。

通過讀這本書，我們體會到了狼是多麼的有智慧和勇氣，不得不讓我們佩服。

狼的智慧在牠們捕殺獵物的時候體現得淋漓盡致，牠們的每一次進攻都堪稱經典，牠們不打無準備之仗，踩點、埋伏、攻擊、打圍、堵截，組織嚴密，很有章法，好像在實踐孫子兵法，「多算勝，少算不勝」，在狼與人的爭鬥中，這種智慧也被牠們表現得淋漓盡致。在危急關頭，爲了不使狼群暴露，被人發現，狼往往會選擇逃向與狼群相反的方向，犧牲自己，來保全群體，這絕非聰明，稱得上絕頂的智慧。

其中狼還有一個最大的優點，那就是牠們的團結性，牠們很少獨自爲戰。所有的行動都是在狼王的統一調度下進行，只要狼王一聲令下，群狼便會排山倒海，勇不可當。即使是牠們被牧民和獵狗圍困，四面楚歌，牠們依然保持鎮定自若，陣形不亂。

狼從來都不畏懼死亡，牠們爲了擊敗馬群，不惜犧牲老弱的狼去撕扯週邊壯馬的肚皮，選擇與馬同歸於盡。與群狗的爭鬥中狼也是前赴後繼，即便是戰鬥到最後一條也毫不畏懼，草原上的王者這個稱號真可謂稱之不愧。

草原狼的精神和智慧無不影響著草原上的蒙古人，他們很崇拜狼，把狼拜爲圖騰，學習狼的生存精神和作戰本領。草原狼的精神世代影響著草原的人們，使他們有著頑強的生命力和強大的戰鬥力。理解了狼性，也就會明白爲什麼成吉思汗的鐵蹄能夠掃蕩千軍萬馬橫跨歐亞大陸。在天與地的廣袤中，他們依賴著狼，依賴著牛羊、馬群、狗和其他生物的相互生存的生物鏈，用一種狼圖騰的精神打出了歷史上最大的版圖，那才是真正的征服，出於自然和精神上的征服。

相信讀了此書，我們會被狼的精神深深地感染，在以後的生活中，遇到挫折和困難，也要像草原狼那樣勇往直前，不畏挫折，堅守陣地，直至成功。

作者簡介

姜戎，本名呂嘉民，漢族，北京人。曾任中國勞動關係學院教師。主業：政治經濟學，偏重政治學方面。一九六七年自願赴內蒙古額侖草原插隊，一九七八年返城，一九七九年考入社科院研究生院。

姜戎的作品《狼圖騰》於一九七一年起腹稿於內蒙古錫盟（錫林郭勒盟）東烏珠穆沁草原。一九九七年初稿於北京。二〇〇三年歲末定稿於北京。二〇〇四年四月出版。二〇〇七年《狼圖騰》獲第一屆英仕曼亞洲文學獎。

二〇〇六年十二月十五日，「二〇〇六第一屆中國作家富豪榜」重磅發佈，姜戎以七百二十萬元的版稅收入，榮登作家富豪榜第十位，引發廣泛關注。

勵志名言

❶要想在草原待下去，就得比狼還厲害。

❷狼只要有東西吃，就不找人畜的麻煩。

❸打仗，狼比人聰明。打仗的輸贏，全看你是狼，還是羊……

❹這是一場真正的屠殺，也是智慧對愚蠢和大意的懲罰。

❺你要是頭狼，準得餓死。一次打光了黃羊，來年吃啥？狼可不像人這麼貪

心，狼比人會算帳，會算大賬！

❻但殘酷的草原蔑視弱者，依然不給弱者最後的一點點憐憫。

❼蒙古人一半是獵人，不打獵，就像肉裡沒有鹽，人活著沒勁。不打獵，蒙古人的腦子就笨了。

❽在草原，對朋友耍滑要吃大虧的。

❾在蒙古草原，平安後面沒有平安，危險後面有危險。

❿狼的最堅硬但又最薄弱，也最致命的部位是狼牙。

⓫在草原上，做什麼事都別做絕，兔子急了還咬狼呢，母狼急了能不拚命嗎？

⓬蒙古牧民擅長平衡，善於利用草原萬物各自的特長，能夠把矛盾的比例，調節到害處最小而收益最大的黃金分割線上。

⓭額侖草原的杆子馬都有勝則躁進、敗則氣餒的特性。

⓮藝高狼膽大，膽大藝愈高。

⓯狼群在發動總攻之前，往往主動脫離牠們要攻擊的目標，故意後撤以再一次迷惑人畜。

⓰狼之所以個個頑強，不屈不撓，不是因為狼群裡沒有「漢奸」和軟蛋，而是因為殘酷的草原環境，早把所有的孬種徹底淘汰了。

2

人性的弱點

《人性的弱點》這本書中的提示與建議有著極強的可操作性，用一句話來概括就是：認清人性中的弱點，當我們辦事時針對這些弱點下手，就會順利成功。人無完人，每個人身上都有著或多或少的缺點。瞭解他人身上弱點，可以使我們在日常的交往中順利進展，俗話說：「知己知彼，百戰百勝」，瞭解自身的弱點，可以使自己揚長避短，凸顯自己的優勢，從而建立美好的人生。

2 人性的弱點

戴爾．卡內基

你是不是更信得過自己所發現的意念？如果是的話，你把你的意見，硬生生塞下別人喉嚨裡，這是不是錯誤的觀念？如果提出意見，啟發別人去得到他的結論，這不是一個更聰明的辦法嗎？

作品簡介

《人性的弱點》是卡內基的代表作。自問世以來，風靡全球，受到了全世界各階層人士的青睞，成爲當時最暢銷的作品之一。很多人就是通過讀卡內基的書，走上了自己的成功之路。卡內基的書能取得世界範圍的成功，並經歷時代的變遷還如此受歡迎，這要歸結於他的智慧、他的理念和他對人性的洞察、理解以及對人性弱點的透視。書中沒有那些深奧的理論，列舉的都是一些普通人的故事和成功者的經典案例。

這本書並非像某些暢銷書那樣紅極一時，而是像陳年的老酒那樣，越久越值得品味。究竟是什麼使得這本書歷經半個世紀依然經久不衰、一版再版呢？無疑，關鍵還是書的內容和思想。因為凡是有人的地方，都會涉及人性；無論什麼人，總是會有弱點的。然而，面對弱點，究竟應該怎樣去看待它，不同的人有不同的態度，在人生道路上，也就走出了不同的軌跡。卡內基把自己對人生的體驗寫進了書中，讓全世界的讀者得以借鑒，受其啓發……

該書以人性具有的一般弱點為切入點，內容涉及人際交往、心態調節、維繫家庭、安排工作和合理用錢等諸多方面。在書中，卡內基為讀者提供了如何與他人相處、如何得到他人的認同、如何迴避人性的弱點、如何戰勝人性的弱點的種種方法，並提出了應對各類弱點的有效策略，為讀者指明了營造和諧美好的人生的訣竅。

卡內基在書中總結出：「一個人在事業上的成功，有百分之十五歸結於他的專業知識，**另外百分之八十五歸結於他表達思想、領導他人和喚起他人熱情的能力**」，這成為顛撲不破的成功原理。多年來，卡內基的這些經過實踐檢驗的忠告，已幫助無數人挖掘出他們最大潛能，幫助他們走向事業和人生的巔峰。

接受卡內基教育的有社會各界人士，其中不乏軍政要員，甚至包括幾位美國總統。千千萬萬的人從卡內基的教育中獲益匪淺。通過閱讀和實踐書中介紹的各種方法，許多人不僅走出困境，有的還成為世人仰慕的傑出人士。只要不斷研讀《人性的弱點》，相信你也可以發掘自己的無窮潛力，創造輝煌的人生。

篇目選摘

最近我在紐約參加一次宴會，其中有位客人，她是剛獲得一筆遺產的婦人。她似乎急於使人們對她留下一個愉快的印象，她花了很多錢買了貂皮外衣、鑽石和珍珠，可是她就沒有注意到自己臉上的表情。她那副臉色神情，顯得那麼刻薄、自私。她不明白男士們所賞心悅目的，是女士們表情中所表現出的那份氣質、神態，而不是她那副雍容華貴的打扮。

司華伯曾經告訴過我，他的微笑有一百萬美元的價值。他所暗示的或許就是這個真理。司華伯有今日的成就，那是該歸功於他的人格、他的魅力和他那種特殊的能力。而在他的人格中，最可愛的因素，就是他令人傾心的微笑。

有一次，我花了一個下午的時間，去拜訪雪弗立，說實在的，我很失望。他沉默寡言，跟我想像中完全不一樣……直到他綻開一縷微笑的刹那間，整個氣氛才完全變換過來，頓時開朗了起來。如果不是他那一縷微笑，恐怕雪弗立依舊在巴黎做他的木匠，繼續他父兄的行業。

一個人的行動，比他所說的話，更有具體的表現，而人們臉上的微笑，就有這樣的表示：「我喜歡你，你使我快樂，我非常高興見到你！」

爲什麼人們那麼喜歡狗？我相信也是同樣的原因……你看牠們那麼的喜歡跟我們接近，當牠們看到我們時，流露出那股自然的高興，所以人們也就喜歡了牠們。

那「不誠意」的微笑，又如何呢？微笑是從內心發出的，那種不誠意的笑容，是機械的、敷衍的，也就是人們所說，那種「皮笑肉不笑」的笑容，那是不能欺騙誰的，也是我們所憎厭的。

紐約一家極具規模的百貨公司裡的一位人事室主任，跟我談到這件事。他說他願意雇用一個有可愛的笑容、小學還沒有畢業的女孩子，而不願意雇用一個臉孔冷若冰霜的哲學博士。

美國一家很大的橡皮公司的董事長告訴我，依他的觀察，一個人的事業成功與否，完全在他對這項事業是否感興趣。而不是苦幹、鑽研地去打開他成功的大門。他曾這樣說：「有若干人，開始一樁事業的時候，懷著極大的希望和興趣，所以能在早期獲得部分的成就。當他們對這項工作感到厭煩、沉悶，失去了原有的興趣時，他的事業也漸漸走向下坡，終至失敗。」

如果你希望別人用一副高興、歡愉的神情來接待你，那麼你自己先要用這樣的神情去對別人。

我曾經向上千個商界人士建議，於每天的每一個時候，遇到人就展開一個輕鬆的微笑。這樣經過一星期後，回到講習班，說出所得到的心得、效果如何！一位「司丁哈丹」先生寫來信，他的情況絕非特例，事實上，是常可見到的。

司丁哈丹的信上，這樣寫著：「我結婚有十八年了，這些年來，從我起床到離開家這段時間內，我太太很少看到我臉上的笑容，也很少說上幾句話。

「由於你叫我從微笑的經歷所得的效果作一演講，我就嘗試了一個星期……第二天早晨我梳頭的時候，從鏡子裡，看到自己那張繃得緊緊的臉孔，我就向自己說：『皮爾，你今天必須把你那張凝結得像石膏像的臉鬆開來，你要展出一副笑容來……就從現在開始。』坐下吃早餐的時候，我臉上有了一副輕鬆的笑意，我向我太太說：『親愛的，早！』

「你曾告訪過我，她一定會感到很驚奇，但你低估了她的反應，她迷惑、愣住了。我可以想像到，那是出於她意想不到的高興。這是我太太所希望獲得的一件事；是的，兩個多月來，我們家庭的生活，已完全改變過來了。

「現在我去辦公室，會對電梯員微微一笑地說：『你早！』我對司機也投之一笑……去櫃檯換錢時，對裡面的夥計，我臉上也帶著笑容……我在交易所裡時，對那些素昧平生從沒有見過面的人，我的臉上也帶著一縷笑容……

「這樣沒有多久，發現每一個人見到我時，都向我投之一笑。對那些來向我道

『苦經』的人，我以關心的、和悅的態度聽他們訴苦。而無形中把他們所認爲苦惱的事，變得容易解決了。我發現微笑替我帶來了財富，那是很多、很多的財富。

「我和另外一個經紀人，合用一間辦公室。他雇用了一個職員，是個可愛的年輕人，那年輕人漸漸地對我有了好感。我對自己所得到的成就，感到得意而自傲，所以我對那年輕人，自然地提到『人際關係學』，這個新的哲學。那年輕人曾這樣告訴我，他初來這間辦公室時，認爲我是一個嚴厲可憎、脾氣極壞的人，而最近一段時間來，他對我的觀感，已徹底地改了過來。他說：你笑的時候，很有人情味！

「我也改掉原有對人的批評，把斥責人家的話換成讚賞和鼓勵。我再也不會說我需要什麼，而是儘量去接受別人的觀點。眼前事實的演變，已改變了我原有的生活，現在我是一個跟過去完全不同的人了……一個比過去更快樂，更富有的人。」

請你要記住這封信是一位飽經世故，聰明絕頂的股票經紀人所寫的。他在紐約證券交易所，以買賣證券謀生，如果沒有更多專門學識，一百個人去嘗試，可能會有九十九個人失敗。

你會覺得自己笑不出來？那怎麼辦？有兩件事，不妨試一試！第一，強迫你自己微笑，如果你單獨一人的時候，吹吹口哨，唱唱歌，儘量讓自己高興起來，就好像你真的很快樂一樣，那就能使你快樂。哈佛大學一位已故的賈姆士教授，他有下面的見解：

行動該是追隨著一個人自己的感受……可是事實上，行動和感受，是悖道而馳的。所以你需要快樂時，可以強迫自己快樂起來。

人們都想知道如何尋求到快樂，這裡有一條途徑，或許可以把你帶去快樂的境界。那就是讓自己知道，快樂是出自內在的心情，不需要向外界尋求的。

不管你擁有什麼……你是誰……你在什麼地方……或者你是做什麼事……只要你想快樂，你就能快樂。眼前有這樣一個例子……有兩個人，他們有同樣的地位，做同樣的事，他們的收入也一樣，可是其中一個輕鬆愉快，另外那個卻是整天愁眉苦臉。這是什麼原因？答案很簡單，他們兩個所懷的心情不一樣。

莎士比亞曾這樣說過：「好與壞無從區別，那是由於每個人的想法使然。」

林肯也這樣說過：「大多數人所獲得的快樂，跟他意念所想到的相差不多。」他說得不錯。最近我找到了一個明確的印證：

我正走上紐約長島車站的石階梯時，看到有三四十個行動不便的殘障孩子走在我前面，他們拄著拐杖很艱辛地一級一級走上石階梯，有些還要由其他人抱著上去。可是他們的快樂、歡笑，使我感到驚奇。

後來，我找到管理這些孩子的老師，談到這件事，他說：「是的，一個小孩子，當他體會出將要終身殘疾時，會感到難受而不安。可是這種難受不安過去後，他也只有聽天由命，繼續尋求他們的快樂，他們現在比一般正常的兒童還快樂。」

我真想對那些殘疾的孩子們致敬，他們給了我一個永遠無法忘卻的教訓。

當畢克馥特準備與范朋克離婚時，我有一個下午跟她在一起。人們或許以為她那時的心境非常凌亂，可是事實上並非如此，她仍然顯得安詳而愉快。她如何使自己鎮靜、安詳下來呢？她的秘訣是，事情已如此，就不替自己去找煩惱，而從心裡去尋找快樂。

「白格」過去是棒球隊裡的三壘手，現在是美國一位最成功的保險商，你說他有一套成功的秘訣嗎？是的，他經過多年的研究，認為微笑是永遠受人歡迎的。當他進辦公室前，總是在外面停留片刻，從回憶中找出一樁使他高興的事來，讓自己臉上發出一縷出自心裡的微笑，然後才進裡面。

他相信雖然微笑是一樁微不足道的小事情，可是，使他的保險業務有了極大的成就。

我們再看看哈巴德這項神奇的建議……可是你別忘記，你必須真正去實行，不然，你只是「看」，那是沒有用的。他的建議是這樣的：

當你去外面的時候，把下巴往裡收，抬頭挺胸，使你胸部充滿了新鮮的空氣。遇到朋友時，跟他握手，必須把你心神灌注在你手掌中。別怕誤會，別想不愉快的事，不要讓你的仇敵侵入你意識中，跟朋友就這樣握手。

要在你心目中，確定你喜歡做的是什麼，然後方向不變勇往直前地去做。當你精神集中在你喜歡做的事業上時，在往後的歲月之中，你會發現你所渴望的機會，都被你掌握了。

你要時時把自己想像成一位有才幹、待人誠懇，有益於社會的一個有用的人。你有了這種想法後，會時時刻刻地改變你自己，使你的人格漸漸變成這種典型。你必須知道，一個人的思維力，能形成一股強大的力量。

保持一種正確的心理狀態——勇敢、誠實，和樂觀。正確的思想，能啓發創造力。所以有很多的事情，都是由理想、欲望而來的。凡你真誠地祈求，都會獲得完全的應驗。我們想要獲得什麼成就，只要把這種意念孕育在我們心裡，我們就會有這樣的收穫！放鬆你凝重的臉色，抬起頭，我們就是明天的主宰。

古代的中國人充滿著智慧，他們有一句格言，你應剪下來，貼在你帽子裡。那句格言是：「人們如果臉上沒有帶著笑容，千萬別開店」——「不笑莫開店」。

剛才我們談到開店，「弗雷克．依文」在爲那家——「考林公司」所做的廣告中，有這樣幾句話，含有令人啓示的哲理。

——摘自《人性的弱點》「如何給人好印象」

它不需要耗費些什麼，可是有很多的收穫。

它使獲得者蒙益，施與者也無損失。

它發生於剎那間，可是給人的回憶永遠存在。

任何有錢的人，不會不需要它。而貧窮的人，卻因它而致富。

它在家庭中能產生快樂的氣氛。在生意買賣上，能製造好感。在朋友間，是善意的招呼。

它使疲憊者有了休息，使失望者獲得光明，使悲哀者迎向陽光，又使大自然解除了困擾。

它無處可買，無處可求，無法去借，更不能去偷……當你尚未得到它前，對誰都沒有用的。

如果在耶誕節，最後一分鐘的忙碌中，我們的店員或許太疲倦了，以致沒有給你一個微笑，能不能留下你的微笑？

所以，如果你希望人們都喜歡你，第二項規則是：微笑！

——摘自《人性的弱點》「耶誕節一笑的價值」

司華伯管理下的一家工廠，那位負責的廠長，無法使他管理的工人，達到標準化的生產量。

司華伯問那個廠長：這到底是怎麼回事？像你這樣一個能幹的人，竟不能使那些工人，達到工廠預計的生產量？

廠長回答說：「我也弄不清楚是怎麼回事……我用溫和的話鼓勵他們，有時不得已去斥責他們，甚至於用降職、撤職來恐嚇他們，可是那些工人就是不肯辛勤工作。」

他們談話的時候，是日班快結束、夜班要開始之時。

司華伯向那廠長說：「你給我一支粉筆。」他拿了粉筆，走向近邊的工人們，問其中的一名：「你們這一班，今天完成了幾個單位？」那工人回答說：「六個。」

司華伯聽到這樣，一字不說，就在地上寫了一個大大的「六」字，便走了。

夜班的工人來接班，看到這個「六」字，就問是什麼意思。

日班的工人說：「大老闆剛才來這裡，他問我們今天做了幾個單位，我回答是六個，他就在地板寫了這個『六』字。」

第二天早晨，司華伯又去工廠，發現夜班工人已把「六」字拭去，改寫上一個大大的「七」字。

這天，日班的工人，看到地上已換上一個「七」字。他們感到夜班工人的工作效率比日班工人強。哦，真的？是的，那就行了……他們要比夜班工人有更好的工作效果表現，就熱心、勤快地加緊他們的工作。那天，日班快要下班時，他們留下個大得出奇的「十」字——情況也就這樣漸漸好轉過來了。

沒有多久，這家原來生產量落後的工廠，比公司裡其他任何一家工廠的生產量都多。

這是什麼原因？

就讓司華伯用他自己的話來解釋：「如果我們想要完成一件事，必須鼓勵競爭，那並不是說爭著去賺錢，而是要有一種勝過別人的欲望。」

爭勝的欲望加上挑戰的心理，對一個有血氣的人來說，是一種最有效的激勵。

如果沒有這一種「挑戰」，羅斯福不會入主白宮。這位勇敢的騎士，剛從古巴回來，便被推舉爲紐約州州長的候選人。可是他的反對黨，指出羅斯福已不是紐約州合法的居民，他知道這情形後，心理恐慌，就要準備退出。

黨魁伯拉德用了激將法，他轉身向羅斯福大聲地說：「難道聖巨恩山的英雄，竟是這樣一個弱者？」就這樣一句話，羅斯福才挺身跟反對黨對抗——後來種種的演變，歷史上都有詳細的記載。

這一個「挑戰」，不只改變了羅斯福自己的人生，對美國的歷史來說，也產生了極大的影響。

司華伯知道：「挑戰」有極大的力量……伯拉德知道，司密斯也知道。

鬼島西端，有一座惡名遠揚的「星星監獄」。這座監獄沒有獄長，裡面凶狠的犯人惡言沸騰，隨時可能發生危險。司密斯需要一位堅毅、勇敢的人，去治理「星星監獄」。可是誰能勝任這個職務呢？他把紐海波頓的勞斯召來。

當勞斯站在他面前時，他愉快地說：「去照顧星星如何，那裡需要一個有經驗的人！」

勞斯感到很窘迫……他知道「星星監獄」的情形，那裡是如何的危險，隨時會受到政治變化的影響。去那裡的獄長，一再地更換，從來沒有一個能夠做上三個星期的……他要考慮自己的終身事業……那值得冒險嗎？

司密斯見他猶疑不決的樣子，微笑說：「年輕人，我不會怪你感到害怕。是的，那邊確實不是一個太平的地方，那是需要一個大人物，有才幹的人才能有這份魄力去做的。」

司密斯是不是下了一個挑戰？勞斯的心中馬上產生了一種喜歡嘗試需要一個「大人物」的工作的意念。

於是他去了，而且他在那裡很長久地幹下去。結果，他成爲一個最著名的「星星監獄」獄長。勞斯曾完成一部「星星兩萬年」的作品，洛陽紙貴，暢銷全國，還上電台廣播，他的獄中生活的故事，被拍成好多部電影。他對罪犯「人道化」的見解，後來造成了許多監獄改革的奇蹟。

菲司頓橡皮公司創辦人菲司頓，曾這樣說過：「別以爲用高額的薪金，就可以聚集人才，替我工作。只有競爭，才能發揮他們的工作效能。」

那是任何一個成功的人，都喜愛的競技。因爲那是表現自己的機會，證明他的能力、價値勝過別人。所以造成了那些離奇古怪的競技比賽，就像競走比賽、喚豬比賽、吃饅頭比賽等。而這能滿足他們爭強的欲望，自重感的欲望。

所以，如果你要得到人們那些精神飽滿的、有血氣的人的認同，就必須記住第十二項規則，那是：提出一個挑戰。

——摘自《人性的弱點》「當你無計可施時，不妨試試這個」

第一項規則：在辯論中，獲得最大利益的唯一方法，就是避免辯論。

第二項規則：尊重別人的意見，永遠別指責對方是錯的。

第三項規則：如果你錯了，迅速、鄭重地承認下來。

第四項規則：以友善的方法開始。
第五項規則：使對方很快地回答「是！是！」
第六項規則：儘量讓對方有多說話的機會。
第七項規則：使對方以爲這是他的意念。
第八項規則：要真誠地以他人的觀點去看事情。
第九項規則：同情對方的意念和欲望。
第十項規則：激發更高尚的動機。
第十一項規則：使你的意念戲劇化。
第十二項規則：提出一個挑戰。

——摘自《人性的弱點》「使人同意於你的十二種方法」

人生啟示

一本書或許不能讓人對世界的認識發生太大的變化，但一部好書的教育意義絕對值得人們花大量的時間去品味。《人性的弱點》就是這樣的一部好書，它是美國教育之父戴爾·卡內基先生的經典著作，這部著作激勵了無數陷入迷茫和困境的人，幫助他們重新找到了自己的人生。

這本書之所以在全世界範圍內能產生如此巨大的影響，是因為我們每個人都是社會的產物，我們每天都要和不同的人打交道，如何影響、推動、說服他人，如何表達出自己的觀點同時又要照顧到他人的需求，這是人與人之間合作的永恆課題。而這本書正好從不同的角度闡述了我們該如何在瞭解人性基本特點的基礎上來和人打交道。

《人性的弱點》這本書中的提示與建議有著極強的可操作性，用一句話來概括就是：認清人性中的弱點，當我們辦事時針對這些弱點下手，就會順利成功。人無完人，每個人身上都有著或多或少的缺點。瞭解他人身上弱點，可以使我們在日常的交往中順利進展，俗話說：「知己知彼，百戰百勝」，瞭解自身的弱點，可以使自己揚長避短，凸顯自己的優勢，從而建立美好的人生。

在書中，作者還談到了我們在生活、工作中要學會真誠地讚賞他人。卡內基說：「天底下只有一種方法可以促使他人去做任何事情——給他想要的東西。」「在每天的生活中，別忘了為人間留下一聲讚美的溫馨，它將能夠給我們帶來無窮的好處。」

《人性的弱點》是卡內基思想與事業的精髓，全書通過栩栩如生的故事和通俗易懂的原則，從人性本質的角度，挖掘出潛藏在人體內的六十大弱點，一個人只有不斷地認識自己，不斷改造自己才能有所長進，獲得成功！

「很多人在做錯事的時候只會選擇怨天尤人，就是不去責怪自己。」也許這句話我們經常聽到，卻很少去反思其中的道理。我們總是喜歡高高在上，大談特談別人的是非對錯，爲什麼就不能對照別人，審視一下自己呢？別人做得不好時，自己是否做得就完美無瑕呢？當你認識到自己也會犯錯的時候，你就會上升到一個高度，總結出一個亙古不變的真理：「人非聖賢，孰能無過？」究其根源是因爲人們之間缺少理解和寬容。一句話說得好，「人生最大的美德是饒恕」，當別人因擠公車不小心踩到你的腳時，當別人走在路上不小心撞到你時，你是持怎樣的態度呢？怨氣十足破口大罵，還是饒恕別人善待自己？我們考慮事情總是習慣於站在自己的立場上去思考，於是，別人所做的一切與己相異時都是錯的，同時對於別人來說，豈不亦然！可是如果雙方都能站在對方的角度審視一下自己的話，結果定會截然不同的。站在別人的角度審視自己是需要理解和寬恕別人的，我們只有學會真誠地關心身邊的朋友，才能贏得朋友們最大的信任。

《人性的弱點》這本書就像一面鏡子，幫助我們熟悉自我、瞭解自我、完善自我。在每一個黑黑的夜裡，它就像一束光明，照亮黑黑的夜晚。漫漫人生路，它讓我們看清道路的同時，更清楚自己在面對怎樣的未來。

作者簡介

戴爾・卡內基，被譽為二十世紀最偉大的心靈導師和成功學大師，美國現代成人教育之父，美國著名的人際關係學大師，西方現代人際關係教育的奠基人。他的主要代表作：《溝通的藝術》、《人性的弱點》、《人性的優點》、《美好的人生》、《快樂的人生》、《偉大的人物》和《人性的光輝》。《人性的弱點》出版之後，立即風靡全球，先後被譯成幾十種文字，被譽為「人類出版史上的奇蹟」。

卡內基利用大量普通人不斷努力取得成功的故事，通過演講和書喚起無數陷入迷茫者的鬥志，激勵他們取得輝煌的成功。其在一九三六年出版的著作《人性的弱點》，多年來一直被西方世界視為社交技巧的經典之一。他於一九一二年創立卡內基訓練，以教導人們人際溝通及處理壓力的技巧。

卡內基出生於美國密蘇里州一個貧窮的農民家庭。父親是一個勤勉的小農場主，母親是一個信仰基督教的鄉下教師。卡內基的童年和其他男孩子沒有什麼不同，經常幫家裡做雜事、擠牛奶，還和父親一起幹粗重的農活。因年年河水氾濫，沖毀莊稼，多數日子都很貧困。

青少年時期的卡內基，曾一度沉浸於自卑、憂鬱、挫折感中，常常杞人憂天地擔驚受怕：「下雷雨時，擔心會不會被雷打死；年景不好時擔心以後有沒有食物充饑；還擔心死後會不會下地獄。稍大以後更加胡思亂想：想自己的衣著、舉止會不會被女孩子取笑，擔心沒有女孩子願意嫁給我。」正是少年時揮之不去的自卑挫折感促使卡內基對社會學、人類心理等不斷進行研究，曾經的感同身受也使他的理論格外實用、親切。

卡內基的母親對他影響極大。她常常鼓勵卡內基多讀書，希望他將來成為一名傳教士或者一名教師。家境的貧困，使得年輕的卡內基必須為受教育而努力奮鬥。

高中畢業後，他就讀於密蘇里州州立師範學校。當時家裡已將農場賣掉，搬到了學校附近居住。雖然卡內基能得到全額獎學金，但他還是要靠做額外工作賺取其他費用，這使得卡內基非常自卑。為了尋找出人頭地的捷徑，他注意到演講比賽是最好的方法。剛開始演講時，他接連失敗，好在母親鼓勵、支持他，沒多久，他就獲勝了。

畢業後，他做過推銷員和演員，但他發現這些工作都不適合他。最後，他將成人教育作為自己從事的職業。他曾到很多城市和學校公開演講，還開設許多關於人際關係和處世技巧的訓練班，學生涉及社會各個階層，當中不乏名人、州長、市長、國家總統……

在卡內基的一生中，林肯的影響非常重要。卡內基的童年與林肯非常相似，他把林肯的奮鬥歷程看作人生的經典。在卡內基課程中，他多次提到林肯的故事，彷彿林肯就是他的一面鏡子。我們從卡內基對林肯人生的描寫中，能夠感受到卡內基對林肯的崇拜之情，能夠看到卡內基理解林肯的獨特視角。

勵志名言

❶一個人炫耀什麼，說明內心缺少什麼。
❷一個人越在意的地方，就是最令他自卑的地方。
❸婚姻的殺手有時不是外遇，而是時間。
❹一個女人喜歡一個男人時，她喜歡聽到謊言；當一個女人厭惡一個男人時，她喜歡聽到真理。
❺當你再也沒有什麼可以失望的時候，就是你開始得到的時候。
❻有所得是低級快樂，有所求是高級快樂。
❼天才失敗了就是蠢材！
❽地球是運動的，一個人不會永遠處在倒楣的位置。
❾我們可以躲開大家，卻躲不開一隻蒼蠅。生活中使我們不快樂的常是一些芝麻小事。
❿人生的意義不在於拿一手好牌，而在於打好一手壞牌。
⓫錢可以幫窮人解決題目，卻幫富人製造題目。
⓬想得開心、做得開心，你就真的會覺得開心。
⓭思想決定一切。
⓮今天我要調適自己，而非調整世界來配合我，我要讓自己配合我的家庭、事業與

機運。

⓯永遠不要對敵人心存報復，那樣對自己的傷害將大過對別人的。

⓰尋求快樂的唯一途徑是不要期望他人感恩，付出是一種享受施與的快樂。

⓱能看到每件事情的最好一面，並養成一種習慣這真是千金不換的珍寶。

⓲關心他人與其他人際關係的原則是一樣的，必須出於真誠，不僅付出關心的人應該這樣，接受關心的人也應當如此。

3

致加西亞的信

我欽佩那些無論老闆是否在辦公室都努力工作的人，我敬佩那些能夠把信交給加西亞的人。他們靜靜地把信拿去，不會提任何愚笨的問題，更不會隨手把信丟進水溝裡，而是全力以赴地將信送到。這種人永遠不會被解雇，也永遠不必為了要求加薪而罷工。

文明，就是孜孜不倦地尋找這種人才的一段長久過程。

3 致加西亞的信

埃爾伯特．哈伯德

職業是人從事的作為主要生活來源的工作，敬業使人專心致力於這項工作。從世俗的角度來說，敬業就是敬重自己的工作，將工作當成自己的事。其具體表現為忠於職守、盡職盡責、認真負責、一絲不苟、善始善終等，其中糅合了一種使命感和道德責任感。這種道德感在當今社會得以發揚光大，使敬業精神成為一種最基本的做人之道，也是成就事業的重要條件。

作品簡介

當美西戰爭爆發後，美國必須立即和西班牙的反抗軍首領——加西亞取得聯繫。加西亞將軍在古巴的大山叢林裡——沒有人知道他的確切地點，所以根本沒有辦法寫信或者打電話給他。但是，美國總統又必須儘快地獲得他的合作，怎麼辦呢？有人向美國總統推薦一個叫羅文的人：「這個叫羅文的人可能會找到加西亞，也只有他才可能找到加西亞！」

於是，他們就把羅文找來了，總統交給他一封信，說：「請把這封信交給加西亞將軍！」

羅文接過信，面對總統什麼也沒有問。他把信裝進一個油布袋子裡封好，吊在自己的胸口，划著一隻小船，默默地上了路。四天之後，他在一個夜裡從古巴上了岸，消失在密密的叢林中。過了三個星期之後，他從古巴的另一邊出來，至於他是如何徒步走過這個危機四伏的國家，又如何打聽到、見到加西亞將軍，並把信交給他的，沒有人知道，他也沒有向任何人提起過。這個事情的結果是：加西亞將軍收到了美國總統的來信，羅文奇蹟般地完成了這項艱巨而重大的任務。

一百多年前的一個傍晚，出版家埃爾伯特．哈伯德與家人喝茶時，受這段傳奇經歷的啓發，創作了一篇名爲《致加西亞的信》的文章，刊登在《菲士利人》雜誌上。

雜誌很快告罄，不久這篇文章又被印製成冊。美國紐約中心鐵路局的喬治．丹尼爾一次訂購十萬冊在車站發放；俄羅斯鐵道部長西拉克夫親王讓人將此書譯成俄文，發給俄羅斯鐵路工人和士兵；日本天皇下令，日本政府官員、士兵乃至平民都要人手一冊……

到一九一五年作者逝世爲止，《致加西亞的信》的印數高達四千萬冊。創造了一個作家的有生之年一本圖書銷售量的歷史紀錄。其後的八十餘年，該書被翻譯成幾乎所有國家的文字，許多政府、軍隊和企業都將此書贈送給士兵或職員，作爲培養士兵、職員敬業守則的必讀書。本書推崇的關於敬業、忠誠、勤奮的思想觀念影響了一代又一代人、一個國家又一個國家。

有關如何把信送給加西亞的故事，有關送信人羅文，有關《致加西亞的信》這本書，在全世界範圍廣爲流傳。「送信」變成了一種具有象徵意義的東西，變成了一種忠於職守，一種承諾，一種敬業、服從和榮譽的象徵。故事揭示了成功的一種模式，故事中的英雄就是那個把信送給加西亞的人。今天每一個企業都在呼喚能夠把信送給加西亞的人。成爲把信送給加西亞的人，尋找把信送給加西亞的人，重用把信送給加西亞的人，成爲了今天職場的主旋律。

《致加西亞的信》故事中的英雄——羅文爲渴望事業成功的人們提供了一條通往卓越的成功模式，這個頗富象徵性的事件，給我們的企業、個人帶來了極大的價值：宣導敬業、熱忱、主動、忠誠等職業信念，影響人們對於職業的認識，也推動了老闆與員工間的互動、合作與信任，使他們共同營造一個和諧、上進的企業文化氛圍。《致加西亞的信》這個歷時百年暢銷不衰的小冊子，通過生動曲折的傳奇故事和通俗常見的企業案例，爲我們展現了關於企業發展和個人成功雙贏的真諦，它過去、現在和將來都將更大地給企業、企業家、員工和管理者帶來重大而深刻的影響：一個企業或個人的成功，事實上並不像通常想像的那麼困難，只要我們在工作中做到敬業、忠誠、熱忱、自信和堅韌，成功就不再遙遠。《致加西亞的信》這本現代成功學的「聖經」，將爲企業創造更爲豐厚的效益，也爲每一個優秀的員工提供一條通往成功的道路。

篇目選摘

美國總統將一封寫給加西亞的信交給了羅文，羅文接過信後，並沒有問：「他在哪裡？」

像羅文這樣的人，我們應該爲他塑造一座不朽的雕像，放在每一所大學裡。年輕人所需要的不僅是學習書本上的知識、聆聽他人的種種教誨，而且是一種敬業精神，對上級的託付，立即採取行動，全心全意去完成任務——「把信送給加西亞」。

加西亞將軍已不在人世，但現在還有其他的「加西亞」。沒有人能經營好這樣的企業——雖然需要眾多人手，但是令人吃驚的是，其中大部分人碌碌無爲，他們要麼沒有能力，要麼根本不用心。

懶懶散散、漠不關心、馬馬虎虎的工作態度，對於許多人來說似乎已經變成常態。除非苦口婆心、威逼利誘地強迫他們做事，或者請上帝創造奇蹟，派一名天使相助，否則，這些人什麼也做不了。

不信的話我們來做個試驗：此刻你正坐在辦公室裡——有六名職員在等待安排任務。你將其中一位叫過來，吩咐他說：「請幫我查一查百科全書，把克里吉奧的生平做成一篇摘要。」

他會靜靜地回答：「好的，先生。」然後立即去執行嗎？

我敢說他絕對不會，他會用滿臉狐疑的神色盯著你，提出一個或數個問題：

「他是誰呀？」

「他去世了嗎？」

「哪套百科全書？」

「百科全書放在哪兒？」

「這是我的工作嗎？」

「爲什麼不叫喬治去做呢？」

「急不急？」

「你爲什麼要查他？」

我敢以十比一的賭注跟你打賭，在你回答了他所提出的問題，解釋了如何去查那些資料，以及爲什麼要查的理由之後，那個職員會走開，去吩咐另外一個職員說明他查某某的資料，然後回來告訴你，根本就沒有這個人。當然，我也許會輸掉賭注，但是根據平均率法則，我相信自己不會輸。

真的，如果你很聰明，就不應該對你的「助理」解釋，克里吉奧編在什麼類，而不是什麼類，你會面帶笑容地說：「算啦。」然後自己去查。

這種被動的行爲，這種道德的愚行，這種意志的脆弱，這種姑息的作風，有可能將這個社會帶到「三個和尚沒水喝」的危險境界。

如果人們都不能為了自己而自動自發，你又怎麼能期待他們為別人服務呢？

乍看起來，任何一家公司都有可以分擔工作的人選，但事實真的如此嗎？你登廣告徵求一名速記員，應徵者中，十有八九不會拼也不會寫，他們甚至認爲這些都無所謂。

這種人能把信帶給加西亞嗎？

「你看那個職員。」一家大公司的總經理對我說。

「看到了，怎麼樣？」

「他是個不錯的會計，但是，如果我派他到城裡去辦個小差事，他也許能夠完成任務，但也可能中途走進一家酒吧。而到了鬧市區，他甚至可能完全忘記自己是來幹什麼的。」

這種人你能派他送信給加西亞嗎？

最近，我們經常聽到許多人對那些「收入微薄而毫無出頭之日」以及「但求溫飽卻無家可歸」的人表示同情，同時將那些雇主罵得體無完膚。

但是，從沒有人提到，有些老闆如何一直到白髮蒼蒼，都無法使那些不求上進的懶蟲勤奮起來；也沒有人談及，有些雇主如何持久而耐心地希望感動那些當他一轉身就投機取巧、敷衍了事的員工，使他們能振作起來。

在每家商店和工廠，都有一些常規性的調整過程。公司負責人經常送走那些無法對公司有所貢獻的員工，同時也吸納新的成員。無論業務如何繁忙，這種整頓一直在進行著。只有當經濟不景氣，就業機會不多的時候，這種整頓才會有明顯的效果——那些無法勝任工作、缺乏才幹的人，都被摒棄在工廠的大門之外，只有那些最能幹的人，才會被留下來。為了自己的利益，每個老闆只會留住那些最優秀的職員——那些能「把信送給加西亞」的人。

我認識一個十分聰明的人，但是缺乏自己獨立創業的能力，對他人來說也沒有絲毫價值，因爲他總是偏執地懷疑自己的老闆在壓榨他，或者有壓榨他的意圖。他既沒有能力指揮他人，也沒有勇氣接受他人的指揮。如果你讓他「送封信給加西亞」，他的回答極有可能是：「你自己去吧」。

我知道，與那些四肢殘缺的人相比，這種思想不健全的人是不值得同情的。相反，我們應該對那些用畢生精力去經營一家大企業的人表示同情和敬意：他們不會因爲下班的鈴聲而放下工作。他們因爲努力去使那些漫不經心、拖拖拉拉、被動偷懶、不知感恩的員工有一份工作而日增白髮。許多員工不願意想一想，如果沒有老闆們付出的努力和心血，他們將挨餓和無家可歸。

我是否說得太嚴重了？不過，即使整個世界變成一座貧民窟，我也要爲成功者說幾句公道話——他們承受了巨大的壓力，導引眾人的力量，終於取得了成功。但是他們從成功中又得到了什麼呢？一片空虛，除了食物和衣服以外，一無所有。

我曾爲了一日三餐而爲他人工作，也曾當過老闆，我深知兩方面的種種酸甜苦辣。貧窮是不好的，貧苦是不值得讚美的，衣衫襤褸更不值得驕傲；但並非所有的老闆都是貪婪者、專橫者，就像並非所有的人都是善良者一樣。

我欽佩那些無論老闆是否在辦公室都努力工作的人，我敬佩那些能夠把信交給加西亞的人。他們靜靜地把信拿去，不會提任何愚笨的問題，更不會隨手把信丟進水溝裡，而是全力以赴地將信送到。這種人永遠不會被解雇，也永遠不必爲了要求加薪而罷工。

文明，就是孜孜不倦地尋找這種人才的一段長久過程。

這種人無論有什麼樣的願望都能夠實現。在每個城市、村莊、鄉鎮，以及每個辦公室、商店、工廠，他們都會受到歡迎。世界上急需這種人才，這種能夠把信送給加西亞的人。

誰將把信送給加西亞？

——摘自《致加西亞的信》上篇第一部分致加西亞的信

人生啟示

「到哪裡能找到將信送給加西亞的人？」

「誰將把信送給加西亞？」

誠信是立身處世的基本準則，是自我修養的關鍵，是每個人最根本的品德。成事先成人，成人誠爲先。西方使用頻率最高的八個形容詞，其中六個與誠信有關：真誠的、誠實的、忠實的、真實的、信得過的、可靠的。這些詞語充分說明誠信在人生中有著極其重要的作用。

古往今來，人們對誠信就有很多說法。在中國，影響中華民族思想的儒家思想中，對誠信也是極力的推崇，「人而無信，不知其可。」（語出《論語．為政》）「誠者，天之道也。誠之者，人之道也。」（語出《中庸》）「這兩句話所表達的就是對誠信的基本要求，即以真誠、敬業、專一之心做事，以友善、不欺人之心待人。」「欺人只能一時，而誠信才是長久之策。」「生命不可能從謊言中開出燦爛的鮮花。」「沒有誠信，何來尊嚴？」這些話從反面的角度論述了誠信的重要性，一個表裡不一、言而無信的人，是不可能蒙混別人一輩子的，他終將會為自己的行為付出沉重的代價。

《致加西亞的信》中說道：「**我敬佩那些無論老闆在不在身邊都會努力工作的人，我也敬佩那些能夠把信送給加西亞的人。**」軍人的天職就是服從，必須奉上級命令辦事，而不應有任何遲疑，這就是誠信；作為員工，既然公司付給你薪水，你為公司工作就是天經地義的事，投機取巧、無所事事的職員就是缺乏誠信觀念的人；作為一名政府公務員，必須為納稅人工作，為人民服務，而不是高高在上，或者貪污受賄，從而丟失誠信。其他職業也是一樣，努力工作的人就是一個誠信的人，做到了敬業友善，你就有了高尚的人格。

在這個物欲橫流的時代，要真正做到誠信又是何其難！隨著生活壓力的增大，許多人放鬆了道德的尺度，社會進入了一個單向度和急功近利的經濟追求時代，許多人以能迅速積累財富和名氣而自豪，而不管採取怎樣惡劣的手段，哪怕是欺詐和墮落。很難想像，這樣下去，一個民族會變成什麼樣子，一個國家會變成什麼樣子，當物質和精神擺在大家面前的時候，很多人面對物質的誘惑，毅然決然地選擇放棄「誠信」，這是一個多麼悲哀的事情！當誠信成為現在熱門話題的時候，當許多人大談特談誠信多麼重要的時候，跟物以稀爲貴一樣，這說明誠信危機已經非常嚴峻。

這不是危言聳聽。然而這也不是哪一個人的錯。有些學校和政府主管部門對此無可奈何，有的大學逼著學生選修誠信課程，教育部決定與高考考生簽訂誠信協定，這些做法，竊以爲不會對誠信教育有任何的改善，只是流於形式而已。

另外，一個人要想取得成功，還有一點特別重要，那就是責任心。如果說誠信是立身處世的基本原則，那麼責任心是一個人取得成功的根本。我們常常看到，身邊許多年輕人以投機取巧爲榮，工作上懶散、消極、懷疑、抱怨……這樣的情緒也許在許多人的身體裡蔓延過，甚至到了無法消除的地步，試想，如果我們每個人對待工作都抱這樣的態度，社會上將流行一股什麼樣的風氣，國家又怎麼能尋求新的發展？

每個人在現實生活中都扮演著不同的角色，不同的角色意味著不同的責任。只有每個人各安其位，各負其責，整個社會才會正常運轉。無論身在何種位置，都得對自己的工作負責，因爲工作意味著責任，責任意味著人存在的價值。不管這個人處在什麼樣的位置，最重要的一點，就是有最貼切他的一種動力或鼓勵，而不是靠督促來實施。我們都肩負著公司的使命，作爲公司的成員，都必須對自己的工作負責，而不是相互推脫責任，一味地互相蔑視。

天下興亡匹夫有責，負責任在現代依然有用。唯有有責任心的人才能有所承擔，才能不斷振興我們的民族和國家。一個人如果整日懶懶散散，對什麼事一副漠不關心的樣子，又怎麼能讓他對社會有所貢獻呢？這樣的人不配而且也不能把信送給加西亞。所以說負責對於一個人是必不可少的能力。而**培養責任感，從內心深處萌發出的對社會生活的責任感則是加西亞精神想要告訴我們的：做你該做的事情，做你可以做的事情，做你必須做的事情。**這是非常簡單而又實用的勸告。一個思想不健全的人不值得同情。如果一個人不能完成其分內的工作，又怎麼可以心安理得地享受呢？美國的杜魯門總統曾經說過一句名言：責任到此不能再推。生活中也有許多需要我們去完成的事情，比如學業、勞動和交流等，如果不能付諸行動則不能使我們的生活有著本質的改善。

「靜靜地把信拿去，不提任何愚笨的問題，也不隨手把信丟進水溝裡，而是不顧一切地把信送到。」這就是羅文。在具體的工作中，我們是否也能像羅文那樣不顧一切地把信送到加西亞？

作者簡介

埃爾伯特·哈伯德，美國著名出版家、作家，《菲士利人》、《兄弟》雜誌的總編輯，羅依柯洛斯特出版社創始人。

一八九九年，他根據安德魯·薩默斯·羅文的英勇事蹟，創作了鼓舞人心的《致加西亞的信》，該文被譯成多種文字，廣為流傳。埃爾伯特·哈伯德這個名字也因《致加西亞的信》一書而聲名遠揚。哈伯德終生致力於出版與寫作，除了為自創的兩份雜誌撰稿外，其主要著作還有《短暫的旅行》、《現在的力量》、《自己是最大的敵人》、《一天》等。

埃爾伯特·哈伯德出生於美國伊利諾州的布魯明頓，父親既是農場主又是鄉村醫生。他在塔福學院獲得了學士學位，又在芝加哥大禮堂獲得法學博士學位。他曾做過教師、出版商、編輯和演説家。哈伯德年輕時還曾供職於巴夫洛公司，是一個很成功的肥皂銷售商，但他卻不滿足於此。於是在一八九二年，他放棄了自己的事業進入了哈佛大學。然後，他輟學後開始徒步旅行英國。不久他在倫敦遇到了威廉·莫瑞斯，並且喜歡上了莫瑞斯的藝術與手工業出版社，即凱姆斯科特出版社。一八九五年，他在美國紐約東奧羅拉創立了羅伊克夫特公司，製造和銷售各種手工藝品，隨後又開設了一家印刷裝訂廠。回到美國後，他試圖找到一家出版商來出版自己那套名為《短暫的旅行》的自傳體叢書。當一切努力化為泡影後，他決定自己來出版這套書，於是羅依柯洛斯特出版社誕生了。哈伯德不久就被證明是一個既高產又暢銷的作家，名譽與金錢相繼而來。

隨著出版社規模的不斷擴大，人們紛紛慕名而來，訪問這位非凡的人物。最初觀光客都在他住處的四周住宿，但人越來越多，已有的住宿設施無法容納了，為此，哈伯特還特地蓋了一座旅館，在旅館裝修時，他讓當地的手工藝人做了一種簡單的直線型傢俱，沒想到遊客們非常喜歡這種傢俱，於是，一個傢俱製造產業由此誕生了。不幸的是一九一五年五月七日，哈伯德和他的妻子乘坐的路西塔尼亞號客輪在愛爾蘭海遇難。

勵志名言

❶一切的動力都是盲目的，除非有了知識；一切的知識都是徒然的，除非有了工作；一切的工作都是空虛的，除非有了使命。

❷如果人們都不能為了自己而自動自發，你又怎麼能期待他們為別人服務呢？

❸理智無法支配情緒，相反，行動才能改變情緒。

❹如果不是你的工作，而你做了，這就是機會。

❺適當的謹慎是必要的，但過於謹慎則是優柔寡斷。

❻我相信你愉快的心情，也相信健康。我相信成功的關鍵並不是賺錢，而是創造

價值。

❼請始終記住，人類語言裡最偉大的詞彙就是「自信」。

❽「忠誠」、「敬業」、「服從」、「信用」。

❾在現實世界裡，到處看到的都是有才華的窮人。

❿並非所有的老闆都是貪婪者、專橫者，就像並非所有的人都是善良者一樣。

⓫我欽佩那些無論老闆是否在辦公室都努力工作的人，我敬佩那些能夠把信交給加西亞的人。

⓬主動就是沒有人要求你、強迫你，自覺而且出色地做好自己的事情。

⓭證明自己傑出的最有力證據是能夠自我克制。林肯做到了，他知道每一個生命都必定有它存在的理由。

⓮不要吹毛求疵，這就是商業法則，是建立在自然法則的基礎上的。

⓯感恩是美德，是一個人之所以為人的基本條件！

⓰感恩不花一分錢，卻是一項重大的投資，對於未來極有助益。

⓱一個人應該永遠同時從事兩件工作：一件是目前所從事的工作；另一件則是真正想做的工作。

⓲有一條永遠不變的真理：當你像老闆一樣思考時，你就成為了一名老闆。

⓳面對咆哮的大海，我在想，成功永遠不是一次航行。

⓴我相信到達天堂的唯一途徑是心存天堂。

世界上最偉大的推銷員

《世界上最偉大的推銷員》告訴我們「愛」，一切成功的最大秘密。

強力能夠劈開一塊盾牌，甚至毀滅生命，但是只有愛才具有無與倫比的力量輕而易舉地化解心中的堅冰使人們敞開心扉。愛就像強有力的武器，沒有人能抵擋它的威力。

愛，有一股神奇的力量。也許沒有一個魔法師一樣的上帝，上帝從來都是精神性的，是黑暗中的第一縷光。

4

世界上最偉大的推銷員

奥格．曼狄諾

失敗不再是我奮鬥的代價。它和痛苦都將從我的生命中消失。失敗和我，就像水火一樣，互不相容。我不再像過去一樣接受它們。我要在智慧的指引下，走出失敗的陰影，步入富足、健康、快樂的樂園，這些都超出了我以往的夢想。

作品簡介

這本書記載了一則感人肺腑的傳奇故事。一個名叫海菲的牧童，從他的主人那裡幸運地得到十道神秘的羊皮卷，遵循卷中的原則，他執著創業，最終成爲了一名偉大的推銷員。建立起了一座浩大的商業王國……這是一本在全世界範圍內影響巨大的書，適合任何階層的人閱讀。它振奮人心，激勵鬥志，改變了許多人的命運……該書一經問世，英文版銷量當年突破一百萬，隨即被譯成十八種文字，每年銷量有增無減。

《世界上最偉大的推銷員》是一本經久不衰的勵志類暢銷書，它將有力的銷售哲學作爲這個全面銷售培訓計畫的基礎。作者是在古老的羊皮卷的基礎上融入了自己的觀點以及世界上十位偉大的推銷培訓專家和激勵大師的思想精髓，形成了一個具有啓迪意義的推銷員培訓指南，從而使讀者通過利用自身的樂觀、愛心與平和的心態最終取得推銷的成功。

該書給你提出實用的建議，教會你如何：

培養成功推銷的習慣；

攻破顧客的心理防禦；

培養堅持不懈的精神；

提高自尊心；

改掉拖拉的壞習慣。

沒有天生具有特殊推銷才能的人。推銷是一種技術，像其他技術一樣是可以通過學習和實踐而最終掌握的！

成爲世界上偉大的推銷員不是夢想。我們可以踏著金牌推銷員的腳印，尋找改變命運的機遇，締造我們的傳奇。《世界上最偉大的推銷員》精彩解讀每一個推銷細節，透過無數成功人士的得與失，輕鬆講述事業成功與人生幸福的經營秘訣，爲那些追求幸福與成功的奮鬥者，找到失落的羊皮卷。

經濟學告訴我們，最稀缺的東西最值錢。那麼商業活動中什麼最稀缺呢？敬業和守信是最稀缺的。今天的社會尤其如此。這本《世界上最偉大的推銷員》，正是把枯燥的知識變成了娓娓動聽的故事。它不是騙人的話，而是從生活中總結出來的真諦。正因爲如此，每個讀懂它的人才會因共鳴而感到興趣無窮。

每一個人都應該讀一讀《世界上最偉大的推銷員》。這是一本應該隨身攜帶的好書，好像一位良師益友在道德上、精神上、行爲準則上指導你，給你安慰，給你鼓舞，給你立於不敗之地的力量源泉。

篇目選摘

海菲在銅鏡前徘徊，打量著自己。

「只有眼睛還和年輕時一樣。」他一邊自言自語著，一邊轉過身慢慢地在敞亮的大理石地板上走著。他拖著年邁的步伐在黑色的瑪瑙柱子之間穿行，走過幾張雕刻著象牙花飾的桌子。

臥榻和長沙發椅發著龜甲的微光。鑲嵌著寶石的牆壁上，織錦的精美圖案閃閃發光。古銅花盆裡，碩大的棕櫚枝葉靜靜地生長著，沐浴在石膏美人的噴泉中。綴滿寶石的花壇和裡面的花兒競相爭寵。凡是來過海菲這座華麗大廈的客人都會說他是一個巨富。

老人穿過一個有圍牆的花園，走進大廈另一邊約五百步遠的倉房。他的總管伊拉瑪正在入口處等他。

「老爺好。」

海菲點了點頭，繼續默默地走著。伊拉瑪一臉困惑地跟在後面，他不懂主人爲什麼選擇這個地方會面。主僕二人走到卸貨台邊，海菲停下腳步，看著一包包貨物從馬車上抬下來，分門別類地堆放在倉庫裡。

這些貨中有小亞細亞的羊毛、細麻、羊皮紙、蜂蜜、地毯和油類，本地生產的玻璃、無花果、胡桃、香精、衣料和藥材，阿拉伯的生薑、肉桂和寶石，埃及的玉米、紙張、花崗岩、雪花石膏和黑色瓷器，巴比倫的掛毯，羅馬的油畫，以及希臘的雕像。空氣中瀰漫著香精的氣味，海菲敏感的鼻子還聞到了香甜的李子、蘋果、乳酪的味道。

然後，他轉向伊拉瑪：「老夥計，咱們的金庫裡現在有多少現款？」

「所有的？」

「所有的。」

「我最近沒有盤點，不過應該在七百萬金幣以上。」

「倉庫裡的現貨，折合成金幣是多少？」

「老爺，這一季的貨還沒有到齊，不過我想少說也合個三百萬金幣。」

海菲點了點頭。「不要再進貨了。馬上把所有的現貨賣了，換成金子。」

老總管目瞪口呆，一句話也說不出來。他像被人打中似的往後退了幾步，好不容易才說道：「老爺，您把我弄糊塗了，我們今年的財運最好，各大商店都說上個季度銷售量又增加了。就連羅馬軍方都向我們買貨，您不是在兩個禮拜之內，賣給耶路撒冷的總督兩百匹阿拉伯馬嗎？請您原諒我，老爺，我一向很少頂撞您，但是這一回，我實在弄不明白，您爲什麼要……」

海菲微微一笑，和藹地拉著老伊拉瑪的手說：「你還記不記得好多年前你剛來的時候，我要你做的第一件事？」

伊拉瑪皺了皺眉，然後眼睛突然一亮，「你吩咐我每年要把所賺的一半分給窮人。」

「那時候，你不是認爲我是個做生意的傻瓜嗎？」

「我那時候覺得……」

海菲點點頭，指了指卸貨台，「你現在承不承認當時多慮了？」

「是的，老爺。」

「那麼，我勸你對我剛才要你做的事要有信心，我會把我的用意解釋給你聽的。我已經老了，需要的東西很簡單，自從麗莎走了以後，我就決定把所有財富分送給城裡的窮人，自己留這點夠用就行了。除了清理財產之外，我希望你準備一些文行，把分行的所有權證明文件，轉移給所有分行的帳房，另外再拿出五千金幣分給每個帳房，這麼多年來他們一直忠心耿耿，任勞任怨。以後，他們喜歡買什麼就買什麼。」

伊拉馬張了張嘴，海菲揮手阻止了他。

「你不太喜歡這麼做，是嗎？」

老總管搖了搖頭，勉強露出笑容，「不是的，老爺，我只是不明白您為什麼要這麼做，您好像在交代後……」

「你就是這樣，老是想著我，從來不替自己想想，我們的生意不做了，你就不為自己打算打算？」

「我跟了您這麼多年，怎麼能只想自己呢？」

海菲擁著老僕人繼續說道：「別這樣，我要你馬上把五萬金幣轉到你的戶頭上，然後我求你留下來，等我把多年來的一樁心事了結以後再走。到時候，我會把這座大廈和倉庫都留給你，然後我就找麗莎去了。」

老總管睜大眼睛看著主人，不敢相信自己的耳朵，「五萬金幣，房子，倉庫。」

海菲點了點頭，「我一直把你的忠心當作最大的財富，和它比起來，我送你的這點小東西根本算不上什麼。你懂得生活的藝術，不爲自己，而爲別人活著，這就是你與眾不同的地方。我現在要你做的，就是幫我儘快完成計畫，我的日子不多了，對我來說，沒有什麼比時間更重要的了。」

伊拉瑪轉過頭，不讓主人看見眼裡的淚水。「您說您有心願未了，是什麼心願？您對我像親人一樣，可是我從來沒聽您提過什麼心願。」

海菲雙臂抱在胸前，面帶笑容地說：「等你把今天早上交代你的事辦完以後，我會告訴你一個秘密，這秘密只有麗莎知道。三十年了……」

——摘自《世界上最偉大的推銷員》第一章

即使沒有信仰的人，遇到災難的時候，不是也企求神的保佑嗎？一個人在面臨危險、死亡或一些從未見過或無法理解的神秘之事時，不會失聲大喊嗎？每一個生靈在危險的剎那都會脫口而出的這種強烈的本能是由何而生的呢？

把你的手在別人眼前出其不意地揮一下，你會發現他的眼睛本能地一眨；在他的膝蓋上輕輕一擊，他的腿會跳動；在黑暗中嚇一個朋友，他會本能地大叫一聲「天啊」。

不管你有沒有宗教信仰，這些自然現象誰也無法否認。世上的所有生物，包括人類，都具有求助的本能。爲什麼我們會有這種本能呢？

我們發出的喊聲，不是一種祈禱的方式嗎？人們無法理解，在一個受自然法則統治的世界裡，上蒼將這種求救的本能賜予了羊、驢子、小鳥、人類，同時也規定這種求救的聲音應被一種超凡的力量聽到並作出回應。從今往後，我要祈禱，但是我只求指點迷津。

我從不求物質的滿足。我不祈求有僕人爲我送來食物，不求屋舍、金銀財寶、愛情、健康、小的勝利、名譽、成功或者幸福。我只求得到指引，指引我獲得這些東西的途徑，我的禱告都有回音。

我所祈求的指引，可能得到，也可能得不到，但這兩種結果不都是一種回音？如果一個孩子問爸爸要麵包，麵包沒有到手，這不也是父親的答覆嗎？

我要祈求指導，以一個推銷員的身分來祈禱——

萬能的主啊，幫助我吧！今天，我獨自一人，赤條條地來到這個世上，沒有您的雙手指引，我將遠離通向成功與幸福的道路。

我不求金錢或衣衫，甚至不求適合我能力的機遇，我只求您引導我獲得適合機遇的能力。

您曾教獅子和雄鷹如何利用牙齒和利爪覓食。求您教給我如何利用言辭謀生，如何借助愛心得興旺，使我能成爲人中的獅子、商場上的雄鷹。

幫助我！讓我經歷挫折和失敗後仍能謙恭待人，讓我看見勝利的獎賞。

把別人不能完成的工作交給我，指引我從他們的失敗中，獲取成功的種子。讓我面對恐懼，以便磨煉我的精神，給我勇氣嘲笑自己的疑慮和膽怯。

賜給我足夠的時間，好讓我達到目標。幫助我珍惜每日如最後一天。

引導我言出必行，行之有果。讓我在流言蜚語中保持沉默。

鞭策我，讓我養成一試再試的習慣。教我使用平衡法則的方法。讓我保持敏感，得以抓住機會。賜給我耐心，得以集中力量。

讓我養成良好的習慣，戒除不良嗜好。賜給我同情心，同情別人的弱點。讓我知道，一切都將過去，卻也能計算每日的恩賜。

讓我看出何爲仇恨，使我對它不再陌生。但讓我充滿愛心，使陌生人變成朋友。

但這一切祈求都要合乎您的意願。我只是個微不足道的人物，如那孤零零掛在藤上的葡萄。然而您使我與眾不同。事實上，我必須有一個特別的位置。指引我，幫助我，讓我看到前方的路。

當您把我種下，讓我在世界的葡萄園裡發芽，讓我成爲您爲我計畫的一切。

幫助我這個謙卑的推銷員吧！

主啊，指引我！

——摘自《世界上最偉大的推銷員》第十七章

據說，由於地球自轉減慢，再過一百八十萬個世紀以後，每天將有二十五個小時！不過，看起來你是等不到那額外的一個小時，好使你賣掉更多的東西，賺更多的錢了。然而事實上，現在你所擁有的每天二十三小時五十六分四點零九秒得到充分利用了嗎？

喬治・塞維蘭斯現在是美國俄亥俄州人壽保險公司最著名的推銷員。但是他曾經窮困潦倒到走投無路。他在後來爲克萊門特・斯通的《無限的成功》一書撰文道：

「終於有一天，我被自己負債的總額嚇住了。我面臨著真正的經濟危機。那時，我記起了不知在哪兒看到過一句話『不要期待你本不期待的事情』。」

喬治打算記錄一下自己是如何消費時間，這個對於推銷員來說最爲寶貴的資產。「我發現，每個月我和朋友一起喝咖啡就要用去三十二個小時。我驚訝地意識到，這剛好相當於四個工作日。我還發現，有時候我用在午飯上的時間，要比實際需要的長出一個小時。」

正像你用成功記錄表進行自省一樣，喬治也發明了一種社交時間表。用來記錄每天時間利用與浪費的情況。

「當我檢查自己的行爲時，我發現在很多時候，我在工作時間裡社交成功。但是，當我使用社交記錄表之後，我意識到：

「如果在工作日中社交成功，那麼當天的工作一定是失敗的。」

爲什麼社交成功要比工作成功容易達到呢？你一定知道答案，因爲你也深有體會。我也是這樣。社交容易，有趣。相反，推銷、工作、攻克難關，這些事情讓人頭疼，毫無樂趣可言。所以，像其他生物一樣，我們不加抵抗，拖延敷衍，找出種種藉口避免做那些我們原本應該做的事。

我們避免行動，得過且過，這種懶於行動的特點，正是百分之九十五在平庸中度過一生的人所具備的。

但你不是這樣的。你走過了這麼一大段路，一定不會輸給那個壞習慣。要想克服掉拖拉的惡習，就必須不斷命令自己開始行動，並且要立即服從這個命令。你可以循序漸進，一點點改掉這個壞習慣：

你走過起居室的地毯，那上面有一張廢紙。以前的你會對它置之不理，等著你妻子打掃房間。新的你會立刻把它撿起來。

早晨，你把車子開出停車房。清潔工已經來過，把你的兩個垃圾筒倒空了。以前的你會任它們留在車道上，直到晚上下班回來後再把它們搬回車庫。新的你現在就把它們搬回去。

以前的你從早晨的信件中挑出那些必須回覆的備忘錄或者信函，其他的都留到以後再處理。新的你知道及時處理每一封信的重要性，馬上著手回覆每一封信。

以前的你感到不舒服時，決定等到哪一天不那麼忙的時候就去看醫生。新的你現在就去看病。（**對以前的你來說，「不那麼忙」的一天永遠不會來！**）

我敢肯定你還能列舉出類似的拖拉行爲。如果你不能改掉這個壞毛病，那麼我們花在記錄表上的時間就白費了。

——摘自《世界上最偉大的推銷員》第二十九章

人生啟示

《世界上最偉大的推銷員》通過一個個栩栩如生的故事告訴我們一些深刻的人生道理，這些都是人生經驗的闡發和總結，它將全方位地挖掘我們內心的潛力。引領我們走向正確的人生。在這本書中，作者所展示的成功哲學是如此的縝密實用而又充滿激情，它鼓舞了千千萬萬的成功人再攀高峰，更激勵了千千萬萬尙在困境中的勇敢者重新獲得信心與勇氣，一往無前地爲理想的實現不懈努力……

這裡講了一個年輕人從一無所有走向成功的過程，告訴我們在一個市場環境下，如何對待他人，如何約束自己，如何克服困難提高自己，最後得到成功。它是一本講爲人之道的書。相信在生活中能給我們帶來深刻的影響。

《世界上最偉大的推銷員》告訴我們「愛」，一切成功的最大秘密。

強力能夠劈開一塊盾牌，甚至毀滅生命，但是只有愛才具有無與倫比的力量輕而易舉地化解心中的堅冰使人們敞開心扉。愛就像強有力的武器，沒有人能抵擋它的威力。

愛，有一股神奇的力量。也許沒有一個魔法師一樣的上帝，上帝從來都是精神性的，是黑暗中的第一縷光。

人來人往，一生中我們都在人群中穿梭，「我們該怎樣面對遇到的每一個人呢？該怎樣才能更好地與別人接觸呢？只有一個辦法，在心裡默默地爲自己遇見的每一個人祝福。這無言的愛會閃現在眼神裡，流露在眉宇間，讓嘴角掛上微笑，在聲音裡響起共鳴，在這無聲的愛意裡，心扉就敞開了。」「愛是打開人們心扉的鑰匙，也是抵擋仇恨之箭與憤怒之矛的盾牌。」

「讚美自己的敵人，敵人於是成爲我的朋友，朋友於是成爲手足。要時常想理由讚美別人，絕不搬弄是非，道人長短。想要批評人時，要咬住舌頭，讚美別人時，要高聲表達。」

「世上種種到頭來都會成為過去。傷心痛苦時，安慰自己，這一切都會過去；揚揚得意時，提醒自己，這一切都會過去；窮困潦倒時，告訴自己，這一切都會過去，腰纏萬貫時，也告訴自己，這一切都會過去。是的，昔日修築金字塔的人早已做古，埋在冰冷的石頭下面，而金字塔有朝一日也會埋在沙土下面。如果世上的種種終必成空，又為何對今天的得失斤斤計較？」

「讓我們用笑聲點綴世界，用愛溫暖。不要再苦苦尋覓快樂，要在繁忙的工作中忘記悲傷。要享受今天的快樂，它不像糧食可以儲藏，更不似美酒越陳越香。我們是為了今天而活，今天播種今天收穫。」

俗話說，「人生不是一條直線」。走在人生道路上，我們將會碰到許多不如意的事情，讀讀上面這些文字，相信我們的心中會豁然開朗。

「潮起潮落，冬去春來，夏末秋至，日出日落，月圓月缺，自然界萬物都在循環反覆的變化中，我們的情緒也不例外，也會時好時壞。」

書上說，「弱者任思緒控制行為，強者讓行為控制思緒。」讓我們爭做生活的強者吧。

心靈的解脫唯有信仰，讓我們學會用一種光明平和的力量引導我們的人生邁上坦途。一件事情要麼成功，要麼失敗。但是一件事情的過程可以有不同的方案，甚至彼此間可能會千差萬別到截然相反。然而無論最後是什麼樣的結果，在這件事的過程中，人能夠從中學習到很多的東西。這對我們而言就足夠了，每個人的能力是不同的，造成這種原因的結果是因爲他們所接觸過的事情、每個人所採取的方法各不相同，經歷、體會也不相同，所以造就了不同的人。

人生如一條河流，有時激越，有時舒緩，於不經意間收穫最美的風景。但有一點不容改變的是在這條河中我們應該始終保持清澈，絕不允許任何的玷污，幸福也許就會在下一個轉彎處。人生的美在於一種緩慢。只要我們動手做了，不管什麼結果，總比坐以待斃要強，困難終會得以征服，自我得以超越，於是托特建成了貫穿巴拿馬的鐵路；喬治挖出了法國人挖不出的運河；身無分文的洛克菲勒成了百萬富翁。**懷有夢想的人很多，但實現夢想的人太少，因為很多人活在了空想的世界中，最偉大的力量在於動手。**很多人沉淪在微不足道的藉口中，最終夢想被破滅。人活在世上，都需要不斷嘗試、不斷更新自我。人區別於動物的主要特徵在於人類自己可以自由支配自己，自我更新，自我培育，而不僅僅局限於物質，或許更在於精神上的昇華。人生的價值、人生的意義，很多人都在尋找，從這本書中汲取營養，成就自我。

一本優秀的書能幫助我們很多。如果大家有機會的話，一定要讀一讀這本書，它就像一位良師益友，在道德上、精神上和行爲準則上引領你、指導你，給你安慰、鼓舞，幫助你尋找心靈的幸福與平靜！

「心靈的平靜是智慧、美麗的珍寶，它來自於長期、耐心的自我控制。具備心靈的安寧意味著一種成熟的經歷以及對於事物規律的不同尋常的瞭解。」一本好書能拯救一個人，一套好書也許會對這個時代有所引導。這樣的工作有人做了，榮耀應當歸屬他們。而榮耀也屬於一切戰勝自我，又以自身去幫助他人的人們。

作者簡介

奧格．曼狄諾是當今世界撰寫自我幫助方面書籍最流行最有靈感的作家。他的著作包括：《世界上最偉大的推銷員》、《世界上最偉大的奇蹟》、《世界上最偉大的成功》、《更好地生活》、《選擇》、《使命：成功》等。

一九六八年，也就是奧格．曼狄諾四十四歲時，他寫出了這部偉大的作品《世界上最偉大的推銷員》。該書一問世，即以多種語言在世界上許多國家出版。成千上萬的來自生活中各行各業的人們，都稱讚奧格．曼狄諾説：他的書改變了他們的生活，從他的書中他們得到了神奇的力量。他的書充滿智慧、靈感和愛心。

作者奧格．曼狄諾，出生於美國東部的一個平民家庭，在二十八歲以前，他是幸運的，完成了學業，有了工作，並娶了妻子。但是後來，面對人世間的種種誘惑，由於自己的愚昧無知和盲目衝動，他犯了一系列不可饒恕的錯誤，最終失去了自己的家庭、房子和工作。於是，他開始到處流浪。兩年後，在一座教堂裡，他認識了一位受人尊敬的牧師。牧師解答了他提出的許多困擾人生的問題。臨走的時候，牧師送給他一部聖經，此外，還有一份書單，上面列著十一本書的書名。從此，奧格．曼狄諾天天到圖書館去，把十一本書一一找來細細地閱讀，漸漸地，籠罩在他心頭的那一片濃重的陰雲褪去了，一抹陽光照射進來，他激動萬分，心潮澎湃，終於看到了希望。在以後的日子裡，奧格．曼狄諾當過賣報人、公司推銷員、業務經理……在這條他所選擇的道路上，充滿了機遇，也滿含著辛酸，但他已不可戰勝，因為他掌握了人生的準則。當遇到困難，甚至失敗時，他都用書中的語言激勵自己，堅持不懈，直至成功！就這樣，他緊緊握住生命的關鍵時刻，控制著自己的情緒，用微笑來迎接每一天升起的朝陽，最大限度地實現自己的價值。終於，在三十五歲生日那一天，他創辦了自己的企業——《成功無止境》雜誌社，從此步入了富足、健康、快樂的樂園。奧格．曼狄諾的成功為他帶來了巨大的榮譽，他成為了美國家喻戶曉的商界英雄。

勵志名言

❶我是自然界最偉大的奇蹟。

❷動而失敗總比坐而待斃好。

❸記住螢火蟲的啟迪：只有展翅的時候，才能發出光芒。因此，現在就付諸行動。超越別人並不重要，超越自己才是最重要的。

❹觀察走在你前面的人，看看他為什麼領先，學習他的做法。

❺知道自己為什麼失敗，這已經是一種財富。

❻信心越用越充沛，意志越用越堅強。

❼習慣拖延的人善於找藉口，而拖延是失敗一大根由。

❽你知道多少並不重要，重要的是如何利用你所知道的。

❾你還在等什麼？為什麼要等？一切始於行動。

❿今天我要學會控制情緒！

⓫我要祈禱，以一個推銷員的身分來祈禱！

⓬我必須實踐忍耐的藝術。

⓭現在，我將成為最偉大的橄欖樹。

⓮生活的獎賞是在每一段旅程的終點，而不是在起點附近。

⓯我的出生並非最後一個奇蹟，為什麼我不能把這個奇蹟延伸到我今天做的事

情上？

⑯一個人太把自己當回事的時候是最滑稽的。

⑰超越別人的成就並不重要，超越自己的成就才是最重要的。

⑱我知道要克服畏懼必須毫不猶豫地行動。

⑲今天我要加倍重視自己的價值。

⑳我是雄師，我是蒼鷹，我渴望成功、快樂和心靈的平靜。

5

假如給我三天光明

《假如給我三天光明》是美國作家海倫．凱勒的經典作品。

她又盲又聾又啞，是一位集盲聾於一身的殘疾人，但她有著驚人的毅力，筆耕不輟，一個常人都很難做到的事情，她做到了，她成功了。

5

假如給我三天光明

海倫．凱勒

我將把我所有親愛的朋友都叫來，長久地望著他們的臉，把他們內在美的外部跡象銘刻在我的心中。我也將會把目光停留在一個嬰兒的臉上，以便能夠捕捉到在生活衝突所致的個人意識尚未建立之前的那種渴望的、天真無邪的美。

作品簡介

《假如給我三天光明》是美國著名盲聾女作家海倫．凱勒最著名的散文代表作，寫成於一九三三年，最早發表在美國的《大西洋月刊》上，很多國家把它收錄在大、中、小學教材裡。而她在大學時代寫下的自傳性作品《我的生活》自一九〇二年出版後，即在美國引起強烈反響，被譽爲「世界文學史上無與倫比的傑作」。該書將其所作的《我的生活》、《走出黑暗》、《莎莉文老師》及《假如給我三天光明》等作品進行了彙編，系統地介紹了海倫．凱勒豐富、生動、真實而又偉大的一生。

《假如給我三天光明》主要寫了海倫變成盲聾啞人後的生活。剛開始的海倫對於生活是失望的，用消極的思想去面對生活，情緒非常暴躁，常常發脾氣，她感覺現實生活中沒有了希望，她是多麼期待能重新得到光明。她父母幫海倫找到了一位老師——安妮·莎莉文，這位老師成為了海倫新生活的引導者，使海倫對生活重新有了希望，有了嚮往。在莎莉文老師耐心的指導下，海倫學會了閱讀，認識了許多字，也讓她感受到了身邊無處不在的愛。

隨著時間的推移，海倫在老師和親人的陪同下，體會到了許多「新鮮」事物，和家人一起過耶誕節、擁抱海洋、欣賞四季……海倫漸漸長大了，在她的求學生涯中，遇到了許多的困難，但同時她也結識了許多的朋友……海倫在學習中，由於她的不屈不撓的精神，她學會了說話、寫作。雖然在這過程中海倫遇到了一些不開心的事情，但她並沒有放棄。終於，她的努力得到了回報，用自己的汗水實現了大學夢想，進入了哈佛大學。因為生理有缺陷，所以繁重的功課使她非常吃力，在老師的幫助和她的努力下，最終她以優異的成績從大學畢業，還掌握了英、法、德、拉丁和希臘五種文字。但大學畢業後她遇到了悲傷的事——慈母的去世。書中還介紹後來海倫在生活中遇到的一些偉人，馬克·吐溫也幫助她體會不同的豐富多彩的生活以及她的慈善活動。

《假如給我三天光明》是作者海倫．凱勒的自傳。她僅僅擁有十九個月的光明。假如給她三天光明，她第一天想看看讓她的生命變得有價值的人，第二天想看光的變幻莫測和日出，第三天想探索與研究。以一個盲人的身分想像如果自己能夠有三天的時間看到世界，將會去做哪些事——包括去看看幫助過自己的人，以及去感受自然，品味藝術世界。

《假如給我三天光明》展示這位偉大女性堅忍不拔、樂觀博愛的高尚品質。《假如給我三天光明》由「假如給我三天光明」、「我生活的故事」、「衝出黑暗」、「海倫．凱勒信箋」以及「安妮．莎莉文的書信報告」五部分組成，這本書能帶給讀者心靈的淨化與啓發，希望人們由此能在順境中更加珍惜生命，一如海倫．凱勒所說的：「在光明的世界裡，將視力的天賦只看作爲了方便，而不看作是充實生活的手段，這是非常可惜的。」

篇目選摘

一八八〇年六月廿七日，我出生在美國的南部阿拉巴馬州的塔斯甘比亞鎮。

父系祖先來自瑞典，移民定居在美國的馬里蘭州。有件不可思議的事，我們的一位祖先竟然是聾啞教育專家。誰料得到，他竟然會有一個像我這樣又盲又聾又啞的後人。每當我想到這裡，心裡就不禁大大地感慨一番，命運真是無法預知啊！

我的祖先自從在阿拉巴馬州的塔斯甘比亞鎮買了土地後，整個家族就在這裡定居下來。據說，那時候由於地處偏僻，祖父每年都要特地從塔斯甘比亞鎮騎馬到七百六十英里外的費城，購置家裡和農場所需的用品、農具、肥料和種子等。每次祖父在往赴費城的途中，總會寫家書回來報平安，信中對西部沿途的景觀，以及旅途中所遭遇的人、事、物都有清楚且生動的描述。直到今天，大家仍很喜歡一而再地翻看祖父留下的書信，就好像是在看一本歷險小說，百讀不厭。

我的父親亞瑟．凱勒曾是南北戰爭時的南軍上尉，我的母親凱蒂．亞當斯是他的第二任妻子，母親小父親好幾歲。

在我病發失去視覺、聽覺以前，我們住的屋子很小，總共只有一間正方形的大房子和一間供僕人住的小房子。那時候，依照南方人的習慣，他們會在自己的家旁再加蓋一間屋子，以備急需之用。南北戰爭之後，父親也蓋了這樣一所屋子，他同我母親結婚之後，住進了這個小屋。小屋被葡萄、爬藤薔薇和金銀花遮蓋著，從園子裡看去，像是一座用樹枝搭成的涼亭。小陽台也藏在黃薔薇和南方茯苓花的花叢裡，成了蜂鳥和蜜蜂的世界。

祖父和祖母所住的老宅，離我們這個薔薇涼亭不過幾步。由於我們家被茂密的樹木、綠藤所包圍，所以鄰居都稱我們家爲「綠色家園」。這是童年時代的天堂。

在我的家庭老師——莎莉文小姐尚未到來之前，我經常獨自一人，依著方形的黃楊木樹籬，慢慢地走到庭園裡，憑著自己的嗅覺，尋找初開的紫羅蘭和百合花，深深地吸著那清新的芳香。

有時候我也會在心情不好時，獨自到這裡來尋求慰藉，我總是把炙熱的臉龐藏在涼氣沁人的樹葉和草叢之中，讓煩躁不安的心情冷靜下來。

置身於這個綠色花園裡，真是心曠神怡。這裡有爬在地上的卷鬚藤和低垂的茉莉，還有一種叫作蝴蝶荷的十分罕見的花。因爲它那容易掉落的花瓣很像蝴蝶的翅膀，所以名叫蝴蝶荷，這種花發出一陣陣甜絲絲的氣味。但最美麗的還是那些薔薇花。在北方的花房裡，很少能夠見到我南方家裡的這種爬藤薔薇。它到處攀爬，一長串一長串地倒掛在陽台上，散發著芳香，絲毫沒有塵土之氣。每當清晨，它身上朝露未乾，摸上去是何等柔軟、何等高潔，使人陶醉不已。我不由得時常想，上帝御花園裡的曝光蘭，也不過如此吧！

我生命的開始是簡單而普通的，就像每個家庭迎接第一個孩子時一樣，大家都充滿喜悅。爲了要給第一個孩子命名，大家都絞盡腦汁，你爭我吵，每個人都認爲自己想出來的名字才是最有意義的。父親希望以他最尊敬的祖先的名字「米德爾．坎培兒」

作我的名字，母親則想用她母親的名字「海倫．艾培麗特」來命名。大家再三討論的結果，是依照母親的希望，決定用外婆的名字。

先是爲了命名爭吵不休，之後，爲了要帶我去教堂受洗，大家又手忙腳亂，以至於興奮的父親在前往教會途中，竟把這個名字忘了。當牧師問起「這個嬰兒叫什麼名字」時，緊張興奮的父親一時之間說出了「海倫．亞當斯」這個名字。因此，我的名字就不是沿用外祖母的名字「海倫．艾培麗特」，而變成了「海倫．亞當斯」。

家裡的人告訴我說，我在嬰兒時期就表現出了不服輸的個性，對任何事物都充滿了好奇心，個性非常倔強，常常模仿大人們的一舉一動。所以，六個月時已經能夠發出「茶！茶！茶！」和「你好！」的聲音，吸引了每個人的注意。甚至於「水」這個詞，也是我在一歲以前學會的。直到我生病後，雖然忘掉了以前所學的字，但是對於「水」這個字卻仍然記得。

家人還告訴我，在我剛滿周歲時就會走路了。我母親把我從浴盆中抱起來，放在膝上，突然間，我發現樹的影子在光滑的地板上閃動，就從母親的膝上溜下來，自己一步一步地、搖搖擺擺地去踩踏那些影子。

春光裡百鳥鳴叫，歌聲盈耳，夏天裡到處是果子和薔薇花，待到草黃葉紅已是深秋來臨。三個美好的季節匆匆而過，在一個活蹦亂跳、咿呀學語的孩子身上留下了美好的記憶。

然而好景不長，幸福的時光總是結束得太早。在次年可怕二月裡，我突然生病，高燒不退。醫生們診斷的結果，是急性的胃充血以及腦充血，他們宣佈無法挽救了。但在一個清晨，我的高燒突然退了，全家人對於這種奇蹟的發生，當時驚喜得難以言喻。但是，這一場高燒已經讓我失去了視力和聽力，我又像嬰兒一般蒙昧，而他們，我的家人和醫生，卻全然不知。

至今，我仍能夠依稀記得那場病，尤其是母親在我高燒不退、昏沉沉痛苦難耐的時候，溫柔地撫慰我，讓我在恐懼中勇敢地度過。我還記得在高燒退後，眼睛因爲乾枯熾熱、疼痛怕光，必須避開自己以前所喜愛的陽光，我面向牆壁，或讓自己在牆角蜷伏著。後來，視力一天不如一天，對陽光的感覺也漸漸地模糊不清了。

有一天，當我睜開眼睛，發現自己竟然什麼也看不見，眼前一片黑暗時，我像被噩夢嚇到一樣，全身驚恐，悲傷極了，那種感覺讓我今生永遠難以忘懷。

失去了視力和聽力後，我逐漸忘記了以往的事，只是覺得，我的世界充滿了黑暗和冷清。一直到她——莎莉文小姐，我的家庭老師到來，才減輕了我心中的負擔，重新帶給我對世界的希望，並且打開我心中的眼睛，點燃了我心中的燭火。

雖然我只擁有過十九個月的光明和聲音，但我仍可以清晰地記得——寬廣的綠色家園、蔚藍的天空、青翠的草木、爭奇鬥豔的鮮花，所有這些一點一滴都銘刻在我的心裡，永駐在我的心中。

——摘自《假如給我三天光明》第一卷「光明和聲音」

隨著年齡的增長，希望把自己的思想情感表達出來的願望更加強烈。幾種單調的手勢，也越發不敷應用了。每次手語無法讓別人瞭解我的意思時，我都要大發脾氣。彷彿覺得有許多看不見的魔爪在緊緊地抓著我，我拚命地想掙脫它們，烈火在胸中燃燒，卻又無法表達出來，只好瘋狂地踢打、哭鬧，在地上翻滾、吼叫，直到精疲力竭。

母親若在旁邊，我就會一頭撲在她懷裡，悲痛欲絕，甚至連為何發脾氣都給忘了。日子越來越難熬，表達思想的願望越來越強烈，以致每天都要發脾氣，有時甚至每隔一小時就鬧一次。

父母親憂心如焚，卻又手足無措。在我們居住的塔斯甘比亞鎮附近根本沒有聾啞學校，而且也幾乎沒有人願意到如此偏僻的地方，來教一個又盲又聾又啞的孩子。

當時，大家都懷疑，像我這樣的人還能受教育嗎？然而母親從閱讀狄更斯的《美國札記》中看到了一線希望。

狄更斯在《美國札記》一書中提到了一個又聾又盲又啞的少女——蘿拉，經由郝博士的教導，學有所成。然而，當母親得知那位發明教育盲聾人方法的郝博士已經逝世多年，他的方法也許已經失傳時，苦惱極了。郝博士是否有傳人？如果有，他們願意到阿拉巴馬州這個偏遠的小鎮來教我嗎？

六歲時，父親聽說巴爾的摩有一位著名的眼科大夫，治好了好幾個盲人。父母立即決定帶我去那裡治眼睛。

這是一次非常愉快的旅行，我至今依然記憶猶新。在火車上我交了很多朋友。一位婦女送給我一盒貝殼，父親把這些貝殼穿孔，讓我用線一個一個串起來。很長一段時間，這些貝殼帶給我無限的快樂和滿足。列車員和藹可親，他每次來查票或檢票時，我可以拉著他的衣角。他會讓我玩他檢票的剪子，那時，我就趴在座位的一角，在一些零碎的卡片上打些小孔，玩幾小時，也不厭倦。

姑媽用毛巾給我做了個大娃娃，可是沒有眼睛、耳朵、嘴巴、鼻子。這麼個臨時拼湊的玩意兒，即使孩子的想像力，也說不出那張臉是個什麼樣子。而沒有眼睛，對我而言是一個莫大打擊，我堅持讓每個人想辦法，可是最終還是沒有人能爲布娃娃加上眼睛。我靈機一動，溜下座位，找到姑媽綴著大珠子的披肩，扯下兩顆，指給姑母看，讓她縫在洋娃娃的臉上。姑媽拉著我的手去摸她的眼睛，核實我的用意。我使勁地點頭。她縫上了珠子，讓我興奮不已。但沒多久，我便對布娃娃失去了興趣。

整個旅途中，吸引我的事層出不窮，我忙個不停，一次脾氣也沒有發。

到了巴爾的摩後，我們直接來到齊夏姆醫生的診所，醫生熱情地接待了我們。

檢查一番後，他表示無能爲力，不過他鼓勵我們，說我可以接受教育，並建議父親帶我去華盛頓找亞歷山大·貝爾博士，說他也許會給我們提供有關聾啞兒童學校以及師資的資料。依照齊夏姆醫生的建議，全家人又立刻啓程去華盛頓。一路上，父母愁腸滿腹，憂慮重重，而我卻毫無覺察，只是感到來來往往，到處旅行好玩極了。

那時，雖然我還是個不懂事的孩子，但我一同貝爾博士接觸，就感到了他的溫厚和熱情。他把我抱在膝上，讓我玩弄他的錶。他讓手錶響起來，讓我可以感覺錶的震動。博士醫術高明，懂得我的手勢，我立刻喜歡上了他。當時我並沒有意識到，這次會面竟會成爲我生命的轉捩點，成爲我開啓生命，從黑暗走向光明，由孤獨到充滿溫情，並擁有了開啓知識大門的鑰匙。

貝爾博士建議父親寫信給波士頓柏金斯學校校長安納諾斯先生，請她爲我物色一位啓蒙老師。柏金斯學校是《美國札記》中郝博士爲盲、聾、啞人孜孜不倦工作的地方。

父親立刻發了信。幾個星期後就接到了熱情的回信，告訴我們一個令人愉快的消息：教師已經找到了。這是一八八六年夏天的事，但等到莎莉文小姐來到我們家時，已經是第二年的三月了。

就這樣，我彷彿走出了埃及，站在了西奈山的面前。一時靈感遍及我的全身，眼前展現出無數奇景。從這座聖山上發出了這樣的聲音：「知識給人以愛，給人以光明，給人以智慧。」

——摘自《假如給我三天光明》第一卷「希望」

人生啟示

《假如給我三天光明》是美國作家海倫．凱勒的經典作品。她——又盲又聾又啞，是一位集盲聾於一身的殘疾人，但她有著驚人的毅力，筆耕不輟，一個常人都很難做到的事情，她做到了，她成功了。

文中講到，她幻想假如有三天光明，她將做什麼。相信，看到這裡，大家的心肯定是酸酸的。只是區區的三天光明，但對她來說是最大的奢侈，試想如果一個正常人在得知自己只能擁有三天光明的話，心情將會多麼的沮喪和痛苦。

睜開雙眼，我們可以將世間萬物盡收眼底，可以隨便地數著天上的星星，讓嘴角掛上甜甜的微笑去捕捉朝氣，尋覓晚霞。可是海倫，她只渴望擁有三天光明，仔細地看看身邊那些親朋好友最熟悉而又陌生的臉龐，去樹林裡走一走，感受最親切、美麗的大自然，去留住眼底的那份不捨。

我們擁有明亮的雙眼、清晰的耳朵和一個健康的身體，和海倫相比，我們是多麼的幸福啊！海倫是不幸的，但她又是幸運的。不幸的是她——又盲又聾又啞，幸運的是她沒有自悲自歎，用知識戰勝了黑暗，爲自己迎來了心靈上的光明。

《假如給我三天光明》是一本充滿愛的書。愛包圍著海倫的一生。海倫奉行的是把別人的眼睛所看見的光明當作自己的太陽，別人耳朵所聽見的當作自己的樂曲，別人嘴角的微笑當作自己的快樂。這是一顆多麼美好，多麼光明的心啊！

在書中，海倫用細膩的筆觸，對大自然景色的描寫，使我們很難相信這出自於一位盲聾人之手；我相信她一定是用心來感受這個世界，用心來享受生命。是什麼樣的力量給了她生活的勇氣，給了她接受生命挑戰的力量，使她能以驚人的毅力面對困境，對光明孜孜不倦的追求使她產生了一種信仰。現實環境固然可怕，但我們應該保持希望、不斷奮鬥。

這本書就像黑暗中的光芒，使我們不再迷茫；就像優美的樂曲，使我們陶醉其中；就像理想的翅膀，帶我們飛翔……

作者簡介

海倫．凱勒，十九世紀美國盲聾女作家、教育家、慈善家和社會活動家。她以自強不息的頑強毅力，在安妮．莎莉文老師的幫助下，掌握了英、法、德等五國語言。《假如給我三天光明》被世界上許多國家列為青少年必讀之書，被翻譯成上百種語言暢銷於世界各地。同時她致力於救助傷殘兒童，保護婦女權益和爭取種族平等的社會活動。一九六四年她獲得總統自由勳章。

一八八〇年六月廿七日出生於阿拉巴馬州北部一個叫塔斯甘比亞的城鎮。她天生聰明伶俐，出生不到六個月，便能清楚地說出「tea」（茶）等幾個單詞，對周圍事物的感受能力更是敏銳。但不幸的是在她十九個月的時候猩紅熱奪去了她的視力和聽力，不久，她又喪失了語言表達能力，是美國二十世紀著名的集聾、盲於一身的女作家和演講者。

一八八七年三月三日，也就是海倫．凱勒七歲時，安妮．沙莉文擔任她的家庭教師，從此成了她的良師益友，改寫了她的人生，她們相處達五十年。在她的導師安妮．莎莉文的幫助下，海倫考入哈佛大學的拉德克里夫學院，並以優異成績畢業，成為世界上第一個完成大學教育的盲聾人。在大學期間，她寫了《我的生活》一書，講述她如何戰勝病殘的故事，給成千上萬的殘疾人和正常人帶來鼓舞。

著名作家馬克．吐溫曾說：「海倫．凱勒和拿破崙是十九世紀兩個最傑出的人。

拿破崙試圖用暴力征服世界，他失敗了；海倫．凱勒用筆征服世界，她成功了。」

勵志名言

❶我不由得時常想，上帝御花園裡的曝光蘭，也不過如此吧！

❷光明是屬於我們的，光明的美妙世界也是屬於我們的。

❸知識給人以愛，給人以光明，給人以智慧。

❹信心是一種心境，有信心的人不會在轉瞬之間就消沉沮喪。

❺對於凌駕命運之上的人來說，信心就是生命的主宰。

❻人要在失去之後才會發覺擁有的珍貴。

❼「我活著，我快樂」。

❽懷著友善、朝氣、渴望去生活，我們的人生將會增添多少歡樂、多少幸福啊！

❾讓我們珍惜生命中的每一天，去充實生命、去享受生活。

❿知識的力量多麼巨大，它能使一個殘疾人，變成一個有益於人類、有益於社會的人。

⓫我將懷著敬畏之心，仰望壯麗的曙光全景，與此同時，太陽喚醒了沉睡的大地。

⑫假如給我三天光明，我一定會這麼度過三天，當然，這只是假如，但我也會珍惜這一點一滴、分分秒秒的光明。

⑬擁有著光明的人們，為擁有這美好的光明而感到驕傲吧！讓光明永遠陪伴我們大家！努力求取知識的目的在於為社會人類貢獻一點力量。

⑭海倫的一生，是生活在黑暗中卻給人類帶來光明的一生，她用行動證明了人類戰勝生命的勇氣，給世人留下了一曲永難遺忘的生命之歌！

⑮海倫是不幸的，但她又是幸運的，正是因為有了知識，她才如此幸運。

⑯的確，知識的力量是無窮的，正是知識使海倫創造了這些人間奇蹟！

⑰這些知識，像一道道彩虹，點亮了海倫心中的燈，照亮了她的內心世界，也架起了海倫和這個世界溝通的橋樑！

6

自己拯救自己

只有自己才能拯救自己，成功與否在於我們自己，我們每個人最大的財富其實就是我們自己，只有我們自己才能幫助自己。我們身邊不乏一味抱怨的人，他們抱怨機遇沒有降臨在自己身上，抱怨才華被埋沒了，抱怨自身條件不好了，等等。這也正是他們的悲哀！

6 自己拯救自己

撒母耳·斯邁爾斯

安逸的生活對一個要達到最高教養的人來說並不是必需的，而且那些出身卑微的人們在任何時代都從未給這個世界增添任何沉重的負擔。安逸和奢華的生活無法使人成為艱苦奮鬥或敢於直面艱險的人，也不會使人認識到朝氣蓬勃的行為在生活中所能煥發出來的巨大力量。

作品簡介

《自己拯救自己》的內容源於作者爲一批在死亡線上掙扎的病人所做的演講，通過給他們灌輸一個人將來的幸福和健康很大程度上取決於他們自己的道理，激勵這些人選擇了以信任、負責和有價值的行事來定位自己的人生。於是，促成了《自己拯救自己》這部作品的問世。

全書以一句古訓「自助者，天助之」貫穿始終，通過歷史上各界名人生動而具體的事例，論述了一個人的幸福與成功來自於自我塑造。比如勤勉、勇氣、信念、合理的金錢觀以及自身修養等所有年輕人必備的優良品質。

這部作品出版後，好評如潮。幾乎所有歐洲國家都翻譯出版過《自己拯救自己》這本書，此外，這本書還被翻譯成印度語和日本語出版。《自己拯救自己》在中國問世後，立即成爲暢銷書，是多年來出版的勵志書中經得起時間檢驗的少數精品之一。正如作者所言：「偉大的行爲會留給世人寶貴的財富，後人將從中獲益無窮。」這句至理名言也能恰當地作爲對作者的評價，他的行爲給人類留下的財富是無價的，無數人從他的作品中受益，備受鼓舞，邁向成功的人生。

《自己拯救自己》在西方社會是人們必讀的人生啓迪之書。該書自從一八五九年十一月在英國問世以來，每年都在世界許多國家不斷重印。它改變了世界上無數窮苦人民的命運，被譽爲「跨越時空的永恆經典，澤被後世的心靈福音」和「個人奮鬥的精神標本」。斯邁爾斯雖然去世一百多年了，但他的作品是不朽的。今天的讀者仍然能從《自己拯救自己》這部不朽的經典中汲取力量，從而邁向自己人生的巔峰。

篇目選摘

勤勞就是財富——誰能把握時間，就像一粒種子那樣，不斷從大地母親那兒汲取營養，惜分惜秒，點滴積累，誰就能成就大業。

——達維隆

許多最偉大的成就都是一些普通人經過不懈努力獲得的。日復一日的平凡生活，儘管有種種牽掛、職責和義務，但它仍然能爲人們提供各種最美好的人生經驗。對那些勇於開拓者來說，生活總會給他們提供足夠努力的機會和不斷前進的空間。人類的幸福之路就在於沿著已有的先賢們留下的道路奮進。那些持之以恆，忘我工作的人往往都能成功。

人們總在責怪命運的盲目性，其實命運本身卻不如人們那樣盲目。洞察生活的人都知道：命運總是站在勤奮一邊，正如大風大浪總站在最好的海員一邊那樣。對人類求知歷史的研究表明，一些普普通通的意志品質，比如公共意識、注意力、專心致志和持之以恆等，在人們成就事業中最爲有用，而天資或許可有可無，甚至連絕世天才也不敢輕視這些品質的巨大作用。事實上，那些偉人相信常人的智慧和毅力，而不是相信什麼天才。甚至有人把天才定義爲僅僅是公共意識的精華或濃縮。一位傑出的教師兼大學的校長說天才就是不斷努力的力量。約翰·福斯特認爲天才就是點燃自己智慧之火的力量。波芬說「天才就是耐心」。

毫無疑問，牛頓是世界一流的科學家，然而，當有人問他，到底通過什麼方法找到這些非凡的發現時，他誠實地回答說：「總是思考它們。」還有一次，牛頓這樣描述他的研究方法：「我一直把研究的課題放在心上，反覆思考，慢慢地，由最初的第一縷曙光到豁然開朗」。正如其他名人一樣，牛頓的盛譽就是靠勤奮、專注和毅力獲得的。剛放下一項研究又開始下一項，這就是他的娛樂和休息。牛頓曾對本特利博士說：「如果我爲公眾做了點什麼的話，那要歸功於勤奮和善於思考。」另一位偉大的哲學家開普勒也曾這麼說：「正如古人所云『學而不思則罔』，對此我深有體會。對所研究的東西勤於思考才會逐漸深入，我常常如此，直到最後全身心投入其中。」

——摘自《自己拯救自己》第一章「天道酬勤」

對於年輕人來說，如果他們的願望和要求得不到及時的付諸行動和成爲事實，那麼就會造成他們精神頹廢。然而，要達到目標，正如許多人那樣，不僅需要耐心的等待，「從平凡的布柳徹最後成爲普魯士的元帥」，而且還必須堅持不懈地奮鬥和百折不撓地拚搏，就像在滑鐵盧擊敗拿破崙的威靈頓將軍一樣。可行的目標一旦確定，就必須迅速地付諸實施，並且堅定不移。在生活中的絕大多數情況下，愉快地從事枯燥乏味的工作被認為是最有益於人身心健康的磨煉。阿雷謝弗爾說：「只有精神或肉體的勞動才能結出豐碩的果實。努力，努力，再努力，這就是生活；我可以驕傲地說，在這方面我做到了；沒有什麼能夠動搖我的信心和勇氣。一般來說，如果一個人具有強大的精神動力、一個高尚的目標，那麼它一定能實現自己的願望。」

休米勒說過，使他受到全面教育的唯一學校就是「世界範圍的社會這所學校，在那兒，艱難困苦是最為豔麗而又最為崇高的老師」。那種縱容自己尋找藉口推脫工作、逃避責任的人終究會失敗。而如果我們把任何工作當作不可迴避的事情看待，我們就會歡快而迅速地將它完成。甚至在年輕的時候，瑞典的查理斯九世就是意志力的堅信者。每當兒子遇到困難的時候，他總是摸著兒子的頭大聲說：「讓他做，他會去做」。像其他習慣一樣，勤奮用功的習慣也容易慢慢養成。因此，能力平庸的人，在某一時間，只要全身心地、不屈不撓地投入某一工作，他也會取得許多收穫。福韋爾・伯克斯頓深信成功來源於工作方法和勤奮刻苦，他堅信《聖經》的訓誡：「無論幹什麼，你都要全力以赴」，他把自己的成功歸結為踐行「在一定時間竭盡全力地做一件事」的結果。

沒有勇敢的奮鬥，就不可能獲得真正有價值的成就。人們把自己的成功主要歸功於遇到困難時意志的積極奮鬥，即所謂的努力。令人吃驚的是，許多貌似絕無可能實現的結果，經過人們的努力，最終出人意料地變成了現實。強烈的預感本身會把可能變成現實，我們的期望往往就是事情的先兆，而我們能夠實現這種先兆。另外一方面，膽小懦弱、猶豫不決者卻發現每件事都不可能，主要因爲看上去就是這樣。據說，有一名法國軍官常常在自己的公寓附近散步，並且總是喜歡叫道：「我要成爲法國的元帥，成爲一個偉大的將軍。」他的這種強烈願望是他成功的先兆；因爲後來這個年輕軍官確實成了一名著名的司令，他死時是法國的元帥。

——摘自《自己拯救自己》第二章「力量和勇氣」

造就偉人的不是安逸，而是努力，不是順境，而是困難。在人生的每一站，要想取得任何的成就，就必須首先直面和克服種種困難，正如錯誤會成爲最寶貴的經驗一樣，困難是我們最好的老師。查理斯·詹姆·福克斯一直認爲：「一個屢遭挫折卻百折不撓的人將比一個一直經歷坦途的人更有可能取得成就。」他說：「當我聽到一個年輕人在首場演講中就光芒四射時，這固然很好。他也許會繼續前進，但也許會對自己的首次勝利暗自得意，不思進取。而當我看到一位年輕人在第一次嘗試中雖未成功，卻持之以恆時，我相信這樣的年輕人將比絕大多數第一次就取得成功者更可能成功。」

我們從失敗中學到的智慧遠遠超過了成功。我們往往通過發現什麼不行才明白什麼可行，而一個從不犯錯誤的人可能永遠都不會有所發現。在試圖發明一種吸式水泵失敗時，研究人員發現大氣把水桶從水平面舉高了三十三英尺，正是這一發現才使人們開始研究大氣壓強規律，從而爲伽利略、托利拆里和鮑爾等天才科學家開拓了一個嶄新的研究領域。約翰·亨特曾說，除非醫學界的專業人士有勇氣像宣佈成功一樣將其失敗公佈於眾，否則醫學將很難發展。工程師瓦特則說：「在機械工程所缺乏的所有事物中，最缺少的是失敗史」。他說：「我們缺少的是一本敘述失敗的書。」有人曾給亨弗利·大衛爵士展示過一個操作極爲靈巧的實驗，而他說：「感謝上帝沒有讓我能夠擁有如此嫻熟的巧手，因爲我總是由實驗的失敗中才有了重大發現的靈感。」另一位物理學領域的傑出研究人員則在其日記中寫道：當他遇到似乎不可戰勝的困難時，也就是他即將有重大發現的時候。最偉大的事物——偉大的思想、發現和發明——通常是在艱苦中孕育出，在悲傷中思考出，在苦難中產生出。

貝多芬曾這樣評價羅西尼：「要是他在孩提時代，也只有在那時，多一點勤奮的話，他完全可以成爲一個很好的音樂家；但他被自已的天才毀了。」內心堅強的人不會害怕聽到反面的意見；他們更有理由去害怕的是不當的讚譽和過於友好的評價。孟德爾松要去參加其劇作《伊利亞》在伯明罕一家劇院的首演時，他笑著對朋友和評論家們說：「請嚴厲地批評我吧！不要告訴我你們喜歡什麼，告訴我你們不喜歡的是什麼。」

據說，失敗對將軍的考驗遠比成功多。華盛頓吃的敗仗比他贏得的戰役要多，但最終他成功了。而羅馬帝國也就是在其戰果最輝煌的時代開始了失敗的命運。莫里奧常把自己的戰友比喻為大鼓，可是直到被打敗了才有人聽。威靈頓也是通過不斷地克服其似乎不可克服的性格弱點才成為一代軍事天才，培養出了他作為一個人和一名將領的優秀品質。技術高超的水手正在大風大浪中磨礪出自立、勇敢和高度的紀律觀念，而我們的英格蘭水手們——他們顯然是世界上最優秀的水手——高超技藝，則不得不歸功於險惡的大海和滔天的風浪。

生活的需要或許是個嚴厲的校長，但你會發現她通常是最好的。儘管對逆境的考驗有畏懼之心，這很自然，但當它來臨時，我們必須勇敢地面對它。彭斯的一段話很有道理：「儘管挫折與失意是嚴酷的教訓，但它又包含著智慧哲理，你將到達智慧的彼岸，你將不會在別處找到它。」逆境大有用途。它向我們揭示了我們的力量，激發出我們的鬥志，如果性格之中真的有如甜草藥一般的價值，那只有在受到壓抑時它才能散發出最芬芳的芳香；正如古話所言：「失意乃是通往天堂之梯。」里克特曾說過：「被扼殺的人的貧窮究竟是什麼？這就像將少女的耳垂刺穿，再將珍貴的耳墜掛在她淌血的傷口一樣。」

在生活的經歷中，你會發現有許多人能夠勇敢地面對逆境，頑強地與之鬥爭，但在富裕這一更爲危險的對手面前束手就擒。只有一個弱不禁風的人才會被風吹走斗篷，體格一般的人則更容易在溫暖的陽光照耀之下自己摘去斗笠，因而，面對順境往往比承受厄運需要更加自律而堅強的性格。財富容易讓人驕傲，而困境則會使一個有決心的人的心智更成熟、堅韌。用伯克的話來說：「困難是位嚴師，困難使我們更瞭解自己，也更愛主的聖諭。困難使我們的精神更加高亢，使我們的技藝更加嫻熟。因此，我們的對手就是我們自己。」

如果沒有必須面對的困難，生活或許會更輕鬆愉快，但人的價值因此降低了。考驗是一塊試金石，它豐富了我們的心智，訓練了我們的性格，教會我們自立。因此，艱難往往會成爲我們最好的磨礪，儘管我們未能認識到。當年輕的勇士哈德森被不公正地從其印度指揮官的職位上撤職，面臨著誹謗和斥責，他深感痛心，但他仍有勇氣跟一位友人這樣說道：「我努力勇敢地正視最惡劣的情況，正如我在戰場上面對強敵一樣；我竭盡所能去完成我的職責，我感到滿足，因爲畢竟我還能找到使自己振作的理由；儘管是令人厭惡的差事，只要好好地完成了，本身就是一種獎賞；而即便沒有圓滿地完成，畢竟我已經盡力了。」

——摘自《自己拯救自己》第三章「自我修養讓你揮灑人生」

人生啟示

《自己拯救自己》以一句古訓「自助者，天助之」貫穿始終，通過歷史上各界名人的事例，論述了只有不斷地自我塑造，諸如勤勉、勇氣、信念、合理的金錢觀以及自身修養等所有年輕人必備的優良品質，才能鑄就一個人一生的幸福和成功。

「自助者，天助之，」旨在告訴我們只有自己才能拯救自己，已被無數的事實所證明。自助精神是個人發展進步的源泉，成功只有通過個人努力和自律來完成，而不是靠其他外來的事物。

只有自己才能拯救自己，成功與否在於我們自己，我們每個人最大的財富其實就是我們自己，只有我們自己才能幫助自己。我們身邊不乏一味抱怨的人，他們抱怨機遇沒有降臨在自己身上，抱怨才華被埋沒了，抱怨自身條件不好了，等等。這也正是他們的悲哀！

林肯在一無所有的時候，曾經和善良的克勞福德太太說將來某一天自己可能會成爲美國的總統。克勞福德太太對此不屑一顧，大加嘲笑，面對克勞福德太太的嘲笑，年輕的林肯說道：「哦，我會刻苦學習，時刻做好準備，然後說不定機會就降臨到我頭上了呢。」

林肯最終登上了美國總統的寶座，實現了自己的夢想。如果不是林肯苦心鍛煉自己的能力，不遺餘力地培養自身作爲領袖的素質，相信白宮不會對這個出身貧寒、成長於偏僻林區而且舉止笨拙的孩子敞開大門的。

同樣是人，有的人活出的是風情萬種，體會的是百味人生；有的人活出的是一股怨氣，滿腹牢騷，他們得到的只能是無奈與痛苦。世界是公平的，只要活著就意味著擁有機會，因爲你活著，意味著你還有未來。

相信每個人都有自己的夢想，但又有幾個人真正實現了自己的夢想？其主要原因就是很多人對於自己的夢想從來不去實施行動。

在法拉第還是一家藥店店員的時候，他就夢想著能夠成爲科學家進行各種科學實驗，大家都知道，一間設備齊全的實驗室，是做出偉大科學實驗的基礎，但一間設備齊全的實驗室對藥店店員來說簡直是天方夜譚、白日做夢，但他從來沒有在空想上浪費一丁點兒時間。沒有設備齊全的實驗室，他就在小小的閣樓裡利用粗糙的儀器完成了非凡的實驗，將科學研究推進了一大步，並且因此贏得了韓弗理．德衛爵士的青睞。如果這個藥店的店員等待有一天擁有很多儀器再去實驗的話，相信絕對不會有今天的法拉第。當別人問起德衛爵士他眼中最偉大的科學發現是什麼時，他還會回答說「邁克爾．法拉第的發現嗎？」

每個人的未來都在於自己如何把握，拯救自己最重要的是付諸行動。用自己的力量戰勝種種挫折和困難，再大的困難都能克服，相信最後成功就會屬於你。

冰凍三尺，非一日之寒。長城也不是在一朝一夕之間建好的，只要我們堅持自我拯救，鑄造良好品格，付諸行動，就一定能夠走向成功的彼岸。

作者簡介

撒母耳．斯邁爾斯，十九世紀英國偉大的道德學家、著名的社會改革家、成功學的開山鼻祖、高產的人生隨筆作家，同時也是一位虔誠的基督徒。

他出生於蘇格蘭的哈丁頓，十四歲輟學，給一名醫生當學徒，後入愛丁堡大學學醫。在大學期間便積極參與議會改革，而後利用《里茲時報》這一平台傳播自己的觀點。在瞭解到廣大中下層貧民的實際生存狀態後，他開始醞釀自助的思想，並在各種場合宣講這一理念，受到熱烈歡迎。這些思想在他的名著《自己拯救自己》中得到了充分的闡述。此書一問世，就在社會上引起了巨大回響，並以英，法、德、西班牙、丹麥、日、俄等語言在世界上許多國家出版，不斷重印，成為一百多年來在全球最暢銷的圖書之一。《自己拯救自己》的大獲成功，鼓舞他成為一名職業作家，在其餘生，他又寫作了《品格的力量》、《人生的職責》等勵志圖書，在全球暢銷一百多年而不衰，改變了億萬人的命運，塑造了近現代西方道德文明的精神風貌，被譽為催人奮發向上的「人類精神導師」、「勵志和自助之父」。

勵志名言

❶千里之行，始於足下。

❷東方有一句格言，「時間和耐心能把桑葉變成雲霞般美麗。」

❸膚淺的人總以為自己無所不知、無所不能，而淵博的人卻總感到學海無涯、學無止境。

❹牛頓就如此，他評價自己說，自己只不過是一個在大海邊拾到幾隻貝殼的孩子，而真理的大海他還未曾接觸。

❺相信自己能夠成功，往往就會成功，成功的決心就是成功的本身。

❻儘管你的力量不如對方，但只要你多堅持一會兒、力量更集中一些，你就有可能和對方平分秋色，甚至打敗對方。

❼日常生活中的無數事例都說明，人生的輝煌來自於慷慨大方和誠實守信的生活準則。

❽造就偉人的不是安逸，而是努力；不是順境，而是困難。

❾缺乏毅力恒心，天才也難以超越平庸之輩，甚至智力遲鈍之人。

❿對於男人來說，沒有任何東西能彌補希望的破滅，希望的破滅會完全改變一個男人的性格。

⓫可行的目標一旦確定，就必須迅速地付諸實施，並且堅定不移。

⑫精神的力量超出身體的抵抗力，無疑是可貴的。但是身體徹底垮了，精神或許就會崩潰。

⑬如果一個人追求的方向是感官的快樂，那麼，堅強的意志可能是可怕的魔鬼，而聰明的才智只不過是其低下的奴僕。但是，如果一個人追求的是善良美好的東西，那麼，堅強的意志就是造福人類的君主，而聰明才智就是人類幸福的侍臣。

⑭知識和才智，如果缺少美德，那麼，它也只不過是兇殘惡魔的化身。

⑮力量常常在反應敏捷和果斷決策中顯現出來。

⑯有句格言說：「一隻空袋子是站不直的。」同樣，一個負債累累的人也是不可能獨立的。

⑰如果富人被高尚的情操所激勵，他就會視懶散為懦弱，把無所事事的生活方式扔進垃圾桶。

⑱自律與自制是實踐智慧之始；而它們又根植於自尊；希望——力量伴侶，成功之母，也是源於自尊。

⑲適度的娛樂既是健康的亦是可嘉的，但是，過度的娛樂則會有損人性，應該警惕。

7

高效能人士的七個習慣

《高效能人士的七個習慣》中的七個習慣是一個系統，都有著密不可分的關係。要求我們從完善自我開始，進而尋求團隊，最終要以終為始，使每個有志向的人走向自己的巔峰。對於那些渴望成功的人而言，「渴望」的程度和決心至關重要。做事的恒心和毅力，決定了成功的可能性。性格決定命運，氣度影響格局。首先要改變的就是自己的個人修為。

7 高效能人士的七個習慣

史蒂芬．柯維

人的品德基本上是由習慣組成的。俗語說：思想決定行動，行動決定習慣，習慣決定品德，品德決定命運。習慣對我們的生活有很大的影響，因為它是一貫的。在不知不覺中，習慣經年累月影響著我們的品德，暴露出我們的本性，左右著我們的成敗。

作品簡介

《高效能人士的七個習慣》是福布斯排行榜中「有史以來最具影響力的十大管理類書籍之一」，在全球七十個國家以三十二種語言發行。《高效能人士的七個習慣》中的七個習慣是一個整體，它們相輔相成，既講到了個人要全力以赴確立目標，進行個人修煉，並由依賴轉向獨立，從而實現「個人成功」，也講到了要通過建立共贏，換位溝通，集思廣益等，促進團隊溝通與合作。而不斷更新更是涵蓋了前六個習慣，督促我們從身心開始完善。本書彙集了作者十多年來對世界變化的新思考。史蒂芬．柯維博士被《時代週刊》評爲「美國二十五個最具影響力人物」之一，《經濟學人》雜誌推舉其爲「最具前瞻性的管理思想家」。

在當今這個複雜、混亂、充滿變數的世界上，要獲得持久的成功，不是一件簡單的事情。在《高效能人士的七個習慣》一書中，柯維博士展示了成功人士怎樣應用這些原則來解決問題、克服困難、改變自己的生活。通過展示現實的人們如何應用這些原則而在多變的世界中如魚得水，他爲那些尋求有效思維框架以追求生活的人們，提供了切實可行的指導原則和有力的鼓舞。我們只要遵循其中的原則，相信一定能夠獲得成功的。

篇目選摘

正巧在當時，我潛心研究自一七七六年以來，美國所有討論成功因素的文獻。我閱讀或流覽過的論著不下數百，主題遍及自我完善、大眾心理學以及自我幫助等。對於愛好自由民主的美國人民所公認的種種成功之論，已算得上瞭若指掌。

從這兩百年來的作品中，我注意到一個令人詫異的趨勢。那就是過去五十年來討論成功的著作都很膚淺，談的都是如何運用社會形象的技巧與如何成功的捷徑。但往往是頭痛醫頭、腳痛醫腳的特效藥，治標而不治本。

比較而言，前一百五十年的作品則有很大不同。這些早期論著強調「品德」爲成功之本，諸如像正直、謙虛、誠信、勤勉、樸實、耐心、勇氣、公正和一些稱得上是金科玉律的品德。富蘭克林的自傳就是這個時期的代表作，內容主要描述一個人如何努力進行品德修養。

品德成功論強調，圓滿的生活與基本品德是不可分的。唯有修養自己具備品德，才能享受真正的成功與恒久的快樂。

然而第一次世界大戰後不久，人們對成功的基本觀念改變了。由重視「品德」轉而強調「個人魅力」，即成功與否取決於個性、社會形象，以及維持良好人際關係的圓熟技巧。這種思潮朝兩大方向發展：一方面是著重人際關係與公關技巧；另一方面是鼓吹積極進取心態。由此衍生出的行爲習慣，有些的確是金科玉律，例如：「態度決定成敗」、「微笑比皺眉更能贏得朋友」及「有志者事竟成」等，但也毫不避諱地鼓勵玩弄手段、欺騙他人。例如運用技巧以贏得好感，僞裝自己以套取情報，或虛張聲勢，甚至以威脅手段達到目標。

這類論著中，有些固然承認品德是成功的要素之一，但多半不十分重視，只是草草帶過。對作者而言，品德只不過是用來裝點門面，要緊的還是速成的技巧與捷徑。

兩相比較下，我終於瞭解，過去我與桑德拉潛意識裡都受到這種速成觀念的影響，才會對兒子採取上述作法。其實，我們那麼做是爲了自己的社會形象。在我們心目中，這個孩子有失顏面，我們重視如何扮演模範父母及維持形象，更甚於對孩子的關切。這種心態或許也影響到孩子對自己的看法。的確，在面對與處理這個問題時，我們被許多因素所蒙蔽，反而忽略了兒子自身的幸福。

桑德拉和我愈深入地探討，愈慚愧地發現，我們自身的動機與觀點是如何強烈影響著孩子。因爲好面子，使我們對孩子的愛有了條件，造成他的自我評價低落。所以我們決定從自身下功夫，不講究技巧，而著重調整內心真正的動機與對孩子的看法。我們不設法改變他，專從客觀的角度去瞭解，找出他獨特的個性與特質。

經過一番努力，我們終於發現這孩子也有不同凡響之處與無盡的潛能，只要順其自然，必可發揮無疑。於是我們決定不再插手，讓他自由發展，只是從旁肯定、重視，並且分享他的一切經驗。另一方面，我們也做了一番心理建設——不憑藉孩子良好的表現來肯定自我。

一旦擺脫了過去的心態，頓時感受到一股新氣象。不必再拿兒子與旁人比較，把固定的社會模式強加在他身上，反而能夠平心靜氣地與孩子相處。我們相信他有能力應付人生的種種挑戰，也就不急於保護，以使他不受嘲笑。

可是孩子已習慣於接受保護，因此一開始表現得相當退縮。他向我們求援，我們雖然傾聽，但不一定如他預期的反應。這無形中傳達了一個資訊：「父母不必保護你，你不會有問題的。」

幾個月過去，他漸漸有了信心，也肯定自己的價值，終於以自己的速度與步調發揮潛能。不論在學業、運動場與社交場合上，他的表現以一般社會標準來衡量，都是相當傑出的。這一切都在一念之間，一旦思維改變，便豁然開朗。後來他還當選學生社團代表、州代表隊選手，拿回家的成績單則科科甲等。另外，還培養出誠懇熱心的個性，走到哪兒都能與人相處融洽。

桑德拉與我相信，這個孩子「足以傲人」的成就，出於自動自發的因素要多於外在的影響。這是前所未有的經驗，對我們教養子女以及扮演其他角色很有啓發作用。也使我們體驗到，憑藉品德和依靠個人魅力而成功，兩者之間的差距有多麼大。

光有技巧還不夠

教養兒子的經驗，以及研究人們的認知能力、閱讀討論成功因素的著作，三者心得相互激勵之下，我突然間認清了個人魅力無與倫比的影響力。也體會到從小所學並且深植於心靈深處的價值觀，其實與現在四處瀰漫的速成哲學相去不遠，而這種細微的差異經常被人忽略。多年來我傳授他人的若干習慣，自信十分有效，卻與流行的思潮不盡相同，現在我終於對個中原因有了深一層的領會。

我並非暗示，個人魅力所強調的重點，如追求個人成長、訓練溝通技巧、培養積極思考及發揮影響力，不具效用。它們有時確實是成功的要素，但是這些只是次要卻非最根本的優點。或許我們沿著前人的軌跡開創前程時，太過重視造就自己，忽略了前人所打下的基礎；也或許我們習慣於坐享其成，已經遺忘了自己必須耕耘。

即使我可以運用手段使他人投我所好，爲我赴湯蹈火，或對我產生好感，彼此同仇敵愾；然而只要品德有缺陷，尤其是言不由衷、虛情假意，終究成不了大器，因爲言不由衷會招致懷疑，到時一切的所作所爲都會被視爲別有用心。任憑冠冕堂皇，甚至於出發點再良善，如果不能獲得信任，就算成功了也經不起考驗。因此，唯有基本的品德能夠爲人際關係技巧賦予生命。

——摘自《高效能人士的七個習慣》第一章的「品德與個人魅力誰重」

身爲企業顧問，主要任務之一，就是協助企業訂立可行的長期目標。這類目標必須由所有成員共同擬定，不可取決於少數高高在上的決策者。

每次到國際商用機器公司（ＩＢＭ）參觀員工訓練，我都感觸良多。ＩＢＭ主管總不忘向員工耳提面命該公司的三大原則：個人尊嚴、卓越與服務。

不論世事如何變化，ＩＢＭ始終信守這三大原則。而且從上到下，人人奉行不渝，就彷彿水的滲透，無所不在。

記得有一次在紐約訓練一批ＩＢＭ員工，班上人數不多，二十人左右。不幸有一位來自加州的學員生病，需要特殊治療。主辦訓練的ＩＢＭ人員，原想安排他們就近住院治療，但為體諒他妻子的心情，便決定送他回家由家庭醫生診治。為了爭取時間，無法等待普通班機，公司居然租直升機送他到機場。還包專機，千里迢迢送回加州。

雖然確切的金額不詳，但我相信這筆開銷不止數千美元。為了秉持個人尊嚴的原則，ＩＢＭ寧願付出這些代價。這對在場的每個人都是最好的教育機會，我也留下了深刻的印象。

另一家連鎖旅館的服務態度，同樣令我難以忘懷。那絕不是表面功夫，而是全體員工自動自發的表現。

當時我因為主持一項研討會而住進這家旅館，由於到得太遲，已無餐點可用。前台人員卻主動表示，可以到廚房跑一趟，還殷勤詢問：「您要不要先看看會議廳？有沒有需要我效勞的地方？您還需要其他東西嗎？」當時並沒有主管在旁邊監督。

第二天研討會開始，我發現所帶的色筆不夠，便趁空找到一名服務員，說明困難。

他瞥了我的名片一眼，然後說：「科威先生，我會解決這個問題的。」

他並沒有推脫：「叫我到哪兒去找。」或者「請你問前台。」他一口承擔下來，而且表現出爲服務深感榮幸的樣子。

事後我又觀察到不少員工熱心服務的實例，這引起了我的好奇心。爲什麼這個機構能夠徹底奉行顧客至上的原則？我訪問了各階層的員工，發現個個士氣高昂，態度積極。於是我請教經理秘訣何在。

他取出整個連鎖網的共同使命宣言給我看。

我看過以後說：「這的確不同凡響，但很多公司都訂有崇高的目標，卻不見得能夠實踐。」這位經理接著又取出專屬於這家旅館的經營目標，是另一份組織宣言：「這是根據總公司的大原則，並針對我們的特殊需要而擬定的。」

「是誰訂立的呢？」

「全體員工。」

「清潔工、女侍、文書職員都包括在內？」

「是的。」

這兩份宣言代表整個旅館的中心思想，無怪乎營運成績斐然。它既有助於員工與顧客、員工與員工之間的關係，也左右了主管的領導方式，甚至影響到人員的招募、訓練與薪資福利。

後來，我住過同一連鎖網的另一家旅館，那裡的服務水準也毫不遜色。當我問服務員飲水機在哪裡時，他親自領我到飲水機前。

更令人印象深刻的是，那裡的職員居然向主管主動承認錯誤。當我住進旅館的第二天，客房部經理打電話來爲服務不周表示道歉，並招待我們用早餐。只爲了一位服務員送飲料到我們的房間時，遲了十五分鐘，雖然我並不在乎。這名服務員若不主動報告，沒有人會知道。但是他承認錯誤，使顧客獲得更好的服務。

唯有參與，才有認同

許多組織——包括家庭，都有一個最根本的問題，就是成員並不認同集體的大目標，反而常有個人目標與企業目標背道而馳的情形。另一方面，不少企業的薪金制度與其標榜的理想不相符合。

所以在檢討企業的使命宣言時，我一定調查有多少人參與制定，又有多少人知道它的存在，並且真正認同與奉行。唯有參與，才有認同，這個原則值得強調再強調。

小孩子或新進人員很容易接受父母與企業加諸其上的觀念，但長大成人或熟悉環境後，就會產生獨立意志，要求參與。假使沒有全體成員參與，實在難以激發向心力與熱忱。這便是爲什麼我要一再強調，組織應開誠佈公，不厭其煩地廣征意見，訂立全體共有的使命宣言。

立即行動

隨著社會的不斷進步，人們越來越重視對精神食糧的追求。

1.記下你做本章開頭那個心靈實驗時的想法，將心得列表整理。
2.確立重要的人生角色，並檢討你對目前所扮演的角色是否滿意。
3.每天抽空撰寫個人使命宣言，並搜集可用的資料。
4.閱讀附錄一，你的行爲符合其中哪種類型？你是否滿意？
5.設想近期內會面臨的某種狀況，並寫下你希望獲得的結果與應該採取的步驟。
6.與家人或同事分享本章的精華，並建議大家一同擬定家庭或企業的共同目標。

——摘自《高效能人士的七個習慣》第四章的「組織使命宣言」

人生啟示

史蒂芬．柯維的名作《高效能人士的七個習慣》是一本不可多得的好書。習慣形成於不經意的日常生活中，習慣就像是影子一樣，無時無刻不影響著我們，伴隨在我們左右。在不知不覺中，習慣變成了我們的本性，左右著我們的成敗。在現代社會，要想做一名成功的高效能人士，創造卓越的企業文化，成就輝煌的人生，就必須從培養良好的個人習慣入手。

《高效能人士的七個習慣》中的七個習慣是一個系統，都有著密不可分的關係。要求我們從完善自我開始，進而尋求團隊，最終要以終爲始，使每個有志向的人走向自己的巔峰。對於那些渴望成功的人而言，「渴望」的程度和決心至關重要。做事的恒心和毅力，決定了成功的可能性。性格決定命運，氣度影響格局。首先要改變的就是自己的個人修爲。本書沒太多修飾性格的字眼，但頻繁地用了「習慣」二字。習慣是知識，技能和意願的交匯。知道自己要做什麼，也清楚應該怎麼做，更有這個意願去做，三者的交匯構成個人行事做人的習慣。通過改變個人的習慣，從而實現個人性格的改變，最終能夠改變自己的命運。

如果我們每日堅持由內而外的修身功夫，就一定會帶來豐厚的成果。在播種、除草、培植幼苗的過程中，定能感受到成長的喜悅，並最終嘗到和諧圓滿生活結出的鮮美碩果。

只有把自己的生活建立在正確的原則之上，在辦事和增強辦事能力之間平衡，我們就能獲得能力，創造圓滿平靜的生活。

《高效能人士的七個習慣》是一本帶有美國精神的書籍，字裡行間透露著美國人的那種改變命運的決心，以及提高能力的決心。

作者簡介

史蒂芬．柯維，哈佛大學企業管理碩士，楊百翰大學博士。他是柯維領導中心的創始人，也是佛蘭克林柯維公司的聯合主席，曾協助眾多企業、教育單位與政府機關培訓領導人才。他的著作包括《高效能家庭的七個習慣》、《高效能人士的第八個習慣》、《領導者準則》、《領導者本質》、《生活中的七個習慣——改變的勇氣》等。

史蒂芬．柯維博士與羅傑和麗蓓嘉．梅里爾合著的《要事第一》比《高效能人士的七個習慣》第一年銷售的同期增長了一倍。柯維博士因為其持續為人類的服務，獲得了湯瑪斯莫爾學院授予的獎章，並被授予六項榮譽博士學位。其他獎項包括：一九九八年度錫克教徒「國際和平大師」稱號、一九九四年「年度國際企業家」稱號，以及一九九六年「全國企業領導者年度終身成就獎」。

作為九個孩子的父親，五十個孩子的祖父，柯維博士曾於二〇〇三年被授予「最佳父親獎」，他將此看成是他此生得到的最有意義的獎項。

在美國乃至全世界，他的思想成就與卡內基、德魯克、傑克．韋爾奇並肩比齊。他是世界備受推崇的領導工作權威，家庭問題專家，教師，企業組織顧問，在領導管理理論、家庭與人際關係、個人管理等領域久負盛名。《財富》雜誌一百強中的百分之九十和五百強中的百分之七十五的企業是他的受教者，通用電子、全祿、可口可樂等大公司的高級主管都是他的學生，李開復等中國頂尖的企業家和管理者也深受其思想的啟發。每年，來自全球的個人、家庭、企業、教育界及政府領導者的受教生有百萬人之多。

勵志名言

❶思想決定行動，行動決定習慣，習慣決定品德，品德決定命運。
❷沒有正確的生活，就沒有真正卓越的人生。
❸最令人鼓舞的事實，莫過於人類確實能主動努力以提升生命價值。
❹心靈世界自有其理，非理智所能企及。
❺和內在力量相比，身外之物顯得微不足道。
❻不怕錯只怕不改過。
❼借擬定目標的過程，澄明思慮，凝聚繼續向前的力量。
❽充分信任的授權，教導下屬提高能力，起初會比自己完成工作更加費時，但絕對值得。
❾能增加感情帳戶存款的，是禮貌、誠實、仁慈與信用。這是被人信賴的基礎。
❿發生問題可能是增加感情存款的契機。
⓫三個溝通層次：自我防衛，彼此尊重，集思廣益。
⓬自我修煉包括身體、精神、心智與待人處事四方面，無論是對個人還是對於

團隊。

⑬勤奮、運氣或靈活的手腕固然重要，卻非關鍵，唯有掌握重點才是成功的不二法門。辨別事情的輕重緩急，急所當急，充分授權，是個人管理之鑰。

⑭心靈演練，在腦中模擬各種情況下的反應，會有助於形成實際的處事習慣。

⑮愛是動詞，不是感受。

⑯良好人際關係的基礎是自制與自知之明，瞭解自己才懂得分寸。維繫人與人之間情誼，最要緊不在於言語或者行為，而在於本性。

⑰時間管理：選擇目標，安排進度，逐日調整。

⑱一旦擺脫了過去的心態，頓時感受到一股新氣象。

⑲一般人總習慣於以己之心，度他人之腹，以為自己的需要與好惡，別人也會有同感。待人處事若以此為出發點，一旦得不到良好的回應，便武斷地認為是對方不知好歹，而吝於再付出。

8

不抱怨的世界

面對一件無法改變的事情，不如改變自己的態度最實際。作者威爾・鮑溫在每本書中都附送一個紫手環：開始將手環戴在一隻手腕上；當你發現自己正在抱怨、講閒話或批評時，就把手環移到另一隻手上，重新開始；如果聽到其他戴手環的人在抱怨，你可以告訴他們應該把手環移到另一隻手上；堅持下去，可能要花好幾個月你才能連續二十一天不換手、不抱怨的目標。成功時間是四到八個月。

8

不抱怨的世界

威爾．鮑溫

形成抱怨的原因是什麼，我們為何會抱怨，我們以為抱怨能帶來什麼好處，抱怨是如何破壞我們的生活，而我們又要怎樣讓周遭的人停止抱怨，你將學會一步步驅除生活中這種惡毒的表達形式。

作品簡介

「不抱怨」運動的發起者、美國知名牧師威爾．鮑溫強調：「在你的手中，握有翻轉人生的秘密。」抱怨這種負面思維不但是我們最大的敵人，還會影響他人。

不抱怨是成功人生的最佳態度。優秀的人很少抱怨，抱怨是失敗的標籤、愚者的陋習，人生要面對的是非成敗實在太多，如果對所得所失不能泰然處之，就會影響前進的方向。「人生就是與困境周旋。」人生總有諸多不如意，戰勝失意才能得意。可以說，抱怨讓我們失去，不抱怨讓我們獲得。

不抱怨是獲得幸福生活的秘密所在。「對過去不悔，對現在不煩，對未來不憂。」遠離抱怨能夠讓我們幸福快樂地生活。荀子說：「自知者不怨人，知命者不怨天，怨人者窮，怨天者無志。」不怨天尤人，不做無謂的抱怨，才能時刻把握命運的主動權，掌握幸福人生的秘密。

成功只垂青積極主動的人，只要你敢於擔當，勇於接受挑戰，任何艱難險阻都會變成坦途。任何事情就怕人去「做」，只要你敢於去做，事情就會自然而然地變得順暢了。之後，你會發現，原來讓自己思慮重重的困難，竟然只是小事一樁。優秀的人，都是不抱怨的人。他們總是會把消極的想法從自己內心中掃除殆盡，讓自己的內心充滿陽光、充滿希望。你會發現，人們不但欣賞積極主動的人，還會對其充滿敬佩。因為世界上少有這樣的人，所以，世上也少有成功的人。一句話，庸人是因為自己而平庸的，也是因為不斷抱怨而平庸的。

本書要邀你加入一項特別的行動，從今天開始，養成正向思考、積極行動的「不抱怨」習慣，讓幸福快樂長伴左右！抱怨就是在講你不要的東西，而不是你要的東西。當我們開始抱怨，就是將焦點放在不如意、不快樂的事情上，我們說的話表明了我們的想法，而我們的想法又創造了我們的生活。

篇目選摘

美國史上最著名的心靈導師之一威爾．鮑溫，發起了一項「不抱怨」運動，邀請每位參加者戴上一個特製的紫手環，只要一察覺自己抱怨，就將手環換到另一隻手上，以此類推，直到這個手環能持續戴在同一隻手上二十一天爲止。

不到一年，全世界就有八十個國家、六百萬人熱烈參與了這項運動，學習爲自己創造美好的生活，讓這個世界充滿平靜喜樂、活力四射的正面能量。而你也可以成爲其中的一分子，戴上紫手環，接受二十一天的挑戰，爲自己創造心想事成的無怨人生！

在你的手中，握有翻轉人生的秘密。聽起來像在吹牛說大話？是吧，但我的確見過許許多多人的生命，都因此得到了翻轉。我看過他們寄來的電子郵件和書信，也接過他們的電話。大家都在運用這個簡單的概念——將紫色的橡膠手環戴在一隻手上，再換到另一隻手上，如此交替更換，直到達成連續二十一天不抱怨、不批評、不講閒話的目標爲止。他們已經因而養成了一種新的習慣。借由開始意識到自己說了什麼，進而改變話語的內容；他們改變了思維，開始用心、認真地打造自己的生活。有些和你一樣的人，都跟我分享過切身的經驗——他們長年的痛苦得以紓解，人際關係終獲療癒，職業生涯也因而改善，而且整個人都變得更快樂了。

減緩痛苦、增進健康、創造圓滿的關係、擁有更好的工作、變得更平靜喜樂……聽起來很棒吧？這些不但可能發生，而且很有希望實現。要刻意努力去重新設定心靈的硬碟，並不容易，但你可以現在就開始，而且不用多久——反正時間無論如何都會過去，你就能擁有自己一直夢寐以求的人生。

我們的書中附贈了一個紫手環，手環的使用方法如下：

1.開始將手環戴在一隻手腕上。

2.當你發現自己正在抱怨、講閒話或批評時，就把手環移到另一隻手上，重新開始。

3.如果聽到其他戴紫手環的人在抱怨，你可以指出他們應該把手環移到另一隻手上；但如果要做這種事，你自己要先移動手環！因爲你在抱怨他們抱怨。

4.堅持下去。可能要花好幾個月，你才能達到連續二十一天不換手、不抱怨的目標。平均的成功時間是四到八個月。

還有，放輕鬆一點。我們所談的，只是被「說」出來的抱怨、批評和閒話。如果是從你嘴裡說出來的就算，要重新來過；如果是用想的，那就沒有關係。不過你會發現，就連抱怨的想法，也會在這樣的過程中消失殆盡。

當你逮到自己在抱怨、批評、講閒話的時候，就移動紫手環。移動它很重要，這樣的動作將在意識裡深深地刻下痕跡，讓你察覺到自己的行爲。你一定要去移動它，沒有一次可以例外。你抓到剛才說的一個重點了嗎？我說的是「當」你逮到自己在抱怨時，不是「如果」抱怨在我們的世界裡蔚爲風潮，所以當你發現自己的牢騷要比想像中多了很多，也不必大驚小怪。

在本書中，你將瞭解形成抱怨的原因是什麼，我們爲何會抱怨，我們以爲抱怨能帶來什麼「好處」，抱怨是如何破壞我們的生活，而我們又要怎樣讓周遭的人停止抱怨。你將學會一步步驅除生活中這種惡毒的表達形式。如果堅持下去，你就會發現，不只是你自己不再抱怨，連身邊的人也會跟著停止這樣做。

不久前，我和一個朋友在打壁球，在賽局間稍作休息時，他問：「你寄出多少個不抱怨紫手環了？」我說：「大約十二萬五千個。」然後又補了一句：「到目前爲止是這樣。」他思索片刻，喝了點水，然後說：「十二萬五千……比一個中型美國城市的人口還要多。」我說：「對啊。」一邊仍盤算著是不是這個數字。

「那這件事你做多久了？」他問。我回答：「七個月。」「七個月寄出十二萬五千個手環。」

他反覆說著，一邊搖頭覺得不可置信。他調整了運動頭帶、再換上護目鏡，準備打最後一局，又問道：「你覺得人一天會抱怨幾次？」我說：「不知道。我剛開始嘗試二十一天不抱怨運動時，一天大概要移動紫手環二十次。」他站了起來，準備好要繼續打球。他拿起球拍揮了幾下，讓肩膀保持靈活，然後說道：「算一下數學。」我還以爲是算錯了上一局的分數，於是問他：「什麼數學？」

他說：「如果有十二萬五千個手環，乘上每天二十次抱怨，再乘每個月三十天，再乘上七個月，那就是……呃，是……呃，簡直是多得不得了！你想想看，有多少抱怨，從那天開始就不見了。」我站立片刻，想了一想，然後走迴壁球場上。他進入球場，走向發球線，開始發球。我滿腦子都是他的論點。我揮空了球拍，沒接到這個球。我不禁一直想著朋友說的話，最後他贏了那場比賽。這個簡單的想法，已經預防了多少抱怨、批評和閒話的發生呢？

它顯然發揮了相當的影響力，而且正持續地在擴張、發展。根據我們的工作人員估計，「不抱怨」紫手環平均每一周被索取的數量是七千個。我們已經把紫手環寄送到全球八十個國家；遭逢背叛、貧窮、致命疾病、裁員，甚至是天災等威脅的人們，都開始接受挑戰，試圖將抱怨從自己的生活中驅除。

——摘自《不抱怨的世界》「紫手環的力量」

你扮演過病人的角色嗎？或者你正在這麼做？健康不良是一般人最常發出的抱怨

之一。人們抱怨自己不健康，好獲取同情心和注意力，並且迴避讓自己「反感的事件」例如採取更健康的生活方式。當我們抱怨身體不健康，可能會嘗到這些甜頭，但又要付出什麼代價呢？

數十篇研究報告均顯示：一個人對於自己健康狀態的認知，將導致這樣的信念在他們身上實現。我曾聽過一則報導：醫生如果告訴病人，有一種藥很可能治癒他們的疾病，這種藥對這些病人發揮的功效，就要比使用了相同藥方，卻沒有接收到這項資訊的病人大了許多。

報導繼續指出：曾有一項研究發現，患有其他生理疾病（如高血壓）的老年癡呆症患者，服藥的療效常會打折扣，因爲他們的記憶衰退，可能記不得要每天吃藥。心理相對於身體，確實有著極大的影響力。

幾個月前，我受託到醫院去探望一位加入我們團體很久的老朋友。進病房之前，我一如往常，先到了醫護室向醫生和護士探詢她的病情。一位護士說：「她沒事。」醫生也點頭說：「她中風了，但是可以完全康復。」走進病房時，我卻看到一個完全不像「沒事」的人。我說：「珍，哈囉，珍，是我。」她氣若遊絲地說：「真高興你來了。我只剩下幾天的時間……我快死了。」

「你說什麼？」我問道。「我快死了。」她說。

當時，一位護士來幫她做例行檢查，我把她拉到一邊，說道：「我以為你說她沒事。」

護士說：「她是沒事啊！」我說：「可是珍剛才告訴我，她快死了。」

護士詫異地瞪大了眼睛，走到床邊。「珍？珍！」珍睜開眼睛。「親愛的，你是中風，不是快死了，你沒事的。再過幾天，我們就會把你轉到康復病房，你很快就可以回家，和貓咪馬提在一起了，好嗎？」

珍微笑著說：「好。」

等到護士離開病房，珍才開始對我說起，她的喪禮要怎麼辦。「可是你還沒要死啊！」我提出異議。「我會先記下來，等你死的時候——還久得很，我才能為你主持喪禮。」珍搖搖頭，說：「我現在就快死了。」然後又繼續跟我說起她的追思禮拜。

——摘自《不抱怨的世界》「抱怨疾病，是在消滅健康的能量」

人生啟示

美國心靈導師威爾．鮑溫的《不抱怨的世界》，該書值得我們每一個人認真學習和領會。一個人的美好願望和遠大理想，需要建立在奮鬥基礎上才可能得以實現。但在現實生活中，相信每個人都會難免要遭遇很多挫折或不盡如人意的事情。這時，很多人往往是怨天、怨地、怨命運、怨同事、怨老闆……

面對一件無法改變的事情，不如改變自己的態度最實際。作者威爾·鮑溫在每本書中都附送一個紫手環：開始將手環戴在一隻手腕上；當你發現自己正在抱怨、講閒話或批評時，就把手環移到另一隻手上，重新開始；如果聽到其他戴手環的人在抱怨，你可以告訴他們應該把手環移到另一隻手上，堅持下去，可能要花好幾個月你才能連續二十一天不換手、不抱怨的目標。成功時間是四到八個月。

現代社會活節奏越來越快，人們也由此產生了各種各樣的抱怨心理，人們總是抱怨這不好，抱怨那不好。記著，抱怨就像愛滋病毒，會傳染的。當你選擇抱怨這些事物時，將會引來更多不必要的東西。你將會陷入一個抱怨輪迴、永無休止的狀態中。

抱怨不僅不能解決實際問題，還會讓人陷入到負面情緒之中，最終抱怨的最大受害者是自己。自認爲才華橫溢，卻得不到提升，而將訴苦和抱怨視爲理所當然；還有的自命清高、眼高手低，感到自己的能力沒有得到展示、沒有遇見自己生命中的伯樂、單位對自己不公平……因而在思想上產生嚴重的抵觸情緒。大好的光陰在抱怨中被白白浪費掉。

不滿足，是抱怨的開端，說到底其實是我們在不斷強調我們不想要的。抱怨，只會讓問題在心底恒、久、遠。從今天起，我們要學會停止抱怨，讓我們的大腦控制嘴巴裡的言行，讓不抱怨成爲一種習慣，用習慣來改變自己的命運。

如果說抱怨會傳染，相對的，樂觀也是會傳染的，你釋放快樂時，快樂的事物會隨你而來，而不滿的情緒會引起更多的不滿。人生在世何不開開心心地過每一天，用積極的心態去迎接每一個機會，用不抱怨，積累積極的、正面的能量，讓我們相互傳遞樂觀，讓我們一起來發現生活的奇蹟，時時感恩，享受生活的每一天。

作者簡介

威爾．鮑溫，美國最偉大、最受尊崇的心靈導師之一。

主要著作有《不抱怨的世界》等。

密蘇里州堪薩斯市基督教會聯盟的主任牧師，在此之前，有多年從事廣播和行銷等工作的經驗。他熱愛運動、聖經史、騎馬、旅遊、閱讀，發起的「不抱怨」運動，改變了無數人的命運。

勵志名言

❶一本書，一隻手環，改變愛抱怨的你，成就不抱怨的世界。

❷健康的溝通是：直接找和你產生問題的人談，而且只跟那個人談。和另一個人談就是抱怨；這會形成三角問題，也會繼續製造問題，而不能解決問題。

❸沒有安全感、質疑自己的重要性、不確定自我價值的人才會吹牛和抱怨。

❹你要知道：凡是你所渴望的東西，你都有資格得到。不要再找藉口，快朝夢想前進吧。

❺你有權利得到你應得的。要達到這個目的，就不要一直談論這個問題，或是把注意力完全放在上面。你應該從更高的層次來思量問題，看著它被解決。只要談你的渴望，只要和可以提供解決方案的人談。你會縮短等待的時間，讓你的需求更快被滿足，在這段過程中也會更快樂。

❻做個積極快樂的工作者。

❼成為不抱怨的人，還能獲得另一份最重要的禮物，就是你在當下和未來對家庭造成的影響力。

❽你自己就是一種祝福。

❾不要讓消極的人們，剝奪了你對理想生活的追求。

❿不要抱怨，改變你的言語，改變你的思維，你就能改變自己的人生。

⑪威爾・鮑溫說：抱怨就好比口臭。當它從別人的嘴裡吐出來時，我們就會注意到；但從自己的口中發出時，我們卻能充耳不聞。

⑫世界上唯一能做到的建設性永久改變，就是自我的改變。

⑬抱怨是最消耗能量的無益舉動。

⑭抱怨自己的人，應該試著學習接納自己；抱怨他人的人，應該試著把抱怨轉成請求；抱怨老天的人，請試著用祈禱的方式來訴求你的願望。

⑮上帝對每一個人都是公平的，當他給你關上一扇門時，必然會在另一處地方為你打開一扇窗。

⑯抱怨就是自誇，沒有人喜歡吹牛的人。

⑰想要別人改變，你得以身作則。

⑱林肯曾經說過：「摧毀敵人最好的方法，就是把他變成朋友。」

⑲傑出的領導者都知道，人們對於欣賞的回應，要遠比對批評的回應更為熱烈。

9

思考致富

一個人要想致富，必須要先有想像力，欲望，信心，自我暗示等。成功，基於追求成功的動機。大多數人都想成功，但是很多人不相信自己會得到自己想要的，試想一個人如果連想也不敢的話，那麼這一生註定在碌碌無為中度過了，當我們相信了，我們才會激發自己的潛能去達到自己想要的。

思考致富

拿破崙．希爾

當你開始思考且財富也逐漸增加時，你會觀察到財富的積累在於一種心態，一種明確的目的，再加上不懈努力。任何人，想必對於如何獲得這種吸引財富的心態會感興趣。我花費二十五年的時間對此進行了研究，因為我也想知道「人怎樣才能擁有這種心態」。

作品簡介

《思考致富》是拿破崙．希爾最有代表性和最受歡迎的成功經典，成爲無數人前行的燈塔和路標。本二十一世紀修訂版由著名哲學博士與演講家亞瑟培爾完成，在原版的基礎上刪掉了二十世紀三十年前後的逸聞，並增加了一些新的事例。書中歸納闡述了獲取財富的十三大步驟。你所取得的一切成就，你所獲得的一切財富，最初都源於一個想法！如果你已經爲接受本書的秘訣做好了準備，那你就擁有了秘訣的一半，當另一半閃入你的腦海時，你便一眼就能識別出來。在鋼鐵大王安德魯．卡內基的授意和資助下，拿破崙．希爾用了二十五年時間，訪問了五百多位商界和政界名流，並總結了一套完整的致富秘訣和成功哲學。他指導無數普通人實踐書中的這些原理和法則，獲得極大成功，很多人成了百萬富翁，如克萊門特．斯通等。希爾由此被譽爲「百萬富翁的製造者」。

如果我們把致富當成成功的全部定義，那生活就索然無味了；但是不可否認，致富往往是成功的第一步，邁向成功你會在沿途看到更多的風景，感受更多的智慧滋養，成爲一個事業輝煌、精神富足的人。

在拿破崙．希爾這部偉大著作中描述的秘訣，其最大的特色在於，那些掌握它並使用它的人從此走向成功。尋找書中的秘訣是一次獨特的閱讀經歷，如果你準備讓這個秘訣爲你所用，那麼在每一章你都會找到它。

篇目選摘

被暫時的挫折嚇倒而輕易放棄，是最常見的失敗原因之一。人有時總是不免會犯這種錯誤，他畏懼成功了。

在淘金熱的日子裡，達比也染上了「黃金熱」，到西部去淘金。他從未聽說過這種思想：從人的思想中挖出的黃金，遠遠多於從地下挖出的黃金。他到那裡選了一塊地，開始用十字鎬和鐵鍬工作了。

經過數周的勞動之後，他得到了報酬，發現了一塊閃閃發光的礦藏。他需要用機器將礦石掘出來。於是他悄悄地將礦石掩埋好，循著來時的足跡，回到了馬里蘭州威廉斯堡的家鄉，將「發財」的消息告訴他的親戚與少數鄰居。他們湊錢購買了所需要的機器，並將機器運去。

開採的第一車礦石運到了提煉場之後。消息傳來，證明他們擁有了科羅拉多州最豐富的礦場之一。再有幾車礦石，便可以還掉所有債務，以後便是利潤的大豐收。

挖土機挖得越深，達比和朋友們的希望也越高。可是，怪事情發生了，金礦脈突然消失：他們的美夢到了盡頭，聚金盆不再存在了。他們繼續挖掘，絕望地試圖找回礦脈，但結果均徒勞無功。終於他們決定「放棄」。

他們以數百美元的價錢將機器賣給一位收購爛鐵的人，便搭火車回家去了。這位收購爛鐵者找來了一位開礦工程師，檢查礦場，並作了一番計算。這位工程師提出他的意見說，這個開礦計畫之所以失敗，是因爲礦場主人不懂什麼叫「假脈」。依照他的計算，在距離達比停止挖掘之處三尺的地方，將可以找到礦脈。果然，在那兒真的找到了！

這位收購爛鐵者從礦場的礦石中獲利數百萬美元，因為他知道在放棄之前，去請教一位專家。

——摘自《思考致富》「距黃金三尺」

達比從大學得到學位之後不久，決定要從開金礦的經驗中尋找利益，他的運氣不壞，在一次偶發的事件中他證明了：別人說「不」，並不一定是不！

有一天下午，他正幫助他的伯伯在舊式的磨坊裡磨麥子。他的伯伯經營一個大農場，農場裡住著一些黑人佃農。門靜靜地打開了，一個黑人小孩走進來，站在了門的旁邊。她是一個佃農的女兒。

伯伯抬起頭看見了這個小女孩，粗魯地對她吼道：「你來做什麼！」

女孩以微弱的聲音回答：「我媽說請你給她五角錢。」

「我不給，」伯伯回答說，「你現在就回去。」

「是的，大爺。」孩子回答，但是她站著不動。

伯伯繼續做著他的工作，他太忙了，沒有注意到孩子還沒有離去。當他抬起頭看見孩子仍然站在原地時，他對她大聲吼叫：「我叫你回家去！馬上走，要不然我就用棍子揍你。」

小女孩說：「是的，大爺。」但她還是站在那兒沒有動。

伯伯放下他準備倒進磨子漏斗的一袋麥子，拿起一塊木板，開始朝小女孩走去，一臉怒氣沖沖的樣子。

達比吃了一驚，他知道這孩子要挨一頓毒打。因爲他伯伯的火暴性子他是知道的。當他伯伯走近孩子站著的地方時，孩子向前跨了一步，正視著他，並且用尖銳的聲音喊道：「我媽一定要五角錢！」

伯伯這時停下來，注視她好一會兒，然後慢慢地將木板放到地上，手伸進口袋，掏出五角錢給了她。

孩子接下錢，慢慢退到門口，她的眼睛一直注視著剛剛被她征服的男子。她走後，伯伯坐在一隻木箱上，眼睛望著窗外的天空足足有十分鐘之久。他正以一種敬畏的心情回想他剛才遭受的失敗。

達比也在思考。在他的全部經驗中，他還是第一次看見一個黑人孩子不慌不忙地敢對著凶惡的主人這樣，她是如何做到的？他的伯伯收起凶暴的性情，變成了一隻柔順的羔羊，這又是什麼原因？這小女孩用了什麼神奇的力量改變了主人的態度？這些問題在達比的心頭閃動，直到若干年後他才找到答案，之後他便對我講述了這則故事。

令人不可思議的是，他在講述這則不尋常的故事的時候，就是在這個古老的磨坊內——在他的伯伯打了敗仗的地方。

——摘自《思考致富》「堅持五角錢的教訓」

把欲望轉變爲財富，有六個明確而切實的步驟：

1.你心裡要確定你真正所企求的財富的數量目標，僅說「我要很多錢」是不夠的，數目一定要明確。（關於這種明確性，有一個心理上的理由，這在下一章將會討論。）

2.爲了達到你所企求的目標，你確定自己有決心付出些什麼代價（「不勞而獲」的事情是沒有的）。

3.確定一個具體的日期，你決心何時「擁有」你所企求的目標。

4.擬定一個實現你欲望的明確計畫，並且不論你是否已有準備，要立即開始將計畫付諸行動。

5.將你要得到的財富的數量目標、達到目標的期限、爲達到目標所願付出的代價，以及如何取得這些財富的行動計畫等，都簡明扼要地寫下來。並寫一份督促自己的誓詞類的聲明。

6.每天把這份聲明大聲地讀兩遍，一遍在晚上入睡前，一遍在早晨起床後。在你讀這份聲明時，你要想像到、感覺到自己已經擁有了這筆財富。

這一點很重要，你必須遵照這六個步驟中所說明的指示去做。特別重要的是，你要遵守和奉行第六個步驟中的指示。你也許會抱怨說，在你未實際達到這一目標之前，你不可能看見你自己的成就和財富，但這正是「熾烈的欲望」能幫助你的地方。如果你真的十分強烈地希望擁有財富，進而使你的欲望變成了充滿你大腦的意念，你將會毫無困難地使自己相信會得到它。這樣做的目的是要使你渴望財富，並且確實下定決心要得到它，最後你將可以使自己相信必會擁有它。

——摘自《思考致富》「使欲望變成財富的六個步驟」

爲了使本章達到我所預計的高潮，我願介紹一位我所認識的最不尋常的人。我第一次看見他，是在他呱呱墜地幾分鐘之後。他來到這個世界上，頭兩側沒有帶著耳朵。當醫生被迫對這種情形做出解釋時，他承認這孩子可能要終生聾啞。

我對醫生的意見表示不服。我有這樣做的權利，因爲我是這孩子的父親。我當時做了一個決定，並且也產生了一個想法，但在內心深處，則用沉默表示了我的想法。

在我自己的心中，我相信我的兒子既會聽得見也能說得出。如何才能辦得到呢？我確信必定有一種辦法，而且我知道我會找到這種辦法。我想起愛默生所說的話：

「偉大的自然之道，在教導我們有信心。我們只需要順從就行了，這樣我們每個人都會得到指引。只要謙恭地傾聽，我們便會聽見正確的資訊。」

正確的資訊欲望？對，就是它！我的兒子不會聾啞，這是我最大的欲望。對於這個欲望，我從來沒有過一秒鐘的畏縮。

我該怎麼辦？我必須找到一種方法，將我熾烈的欲望移植到我兒子的心中，要找到一種不借助耳朵，而能將聲音傳達到他腦子裡去的方法。

一等到這孩子長大到可以和我合作時，我要將我的熾烈欲望充塞他的心，讓自然之道用它自己的方法，將這個欲望轉化爲事實。

我的心中產生了所有這些想法，但是我沒有告訴任何人。每天我對自己重申一次這個保證，絕不讓我的兒子聾啞。

他漸漸長大了，開始注意到四周的環境，我們發現他有細微的聽覺。當他長到了普通孩子學步的時候，他並無學說話的任何跡象，但是我們能從他的行動上看得出，他能稍微地聽見聲音。這就是我所要知道的！我深信，只要他能夠聽，即使很細微，他就能發展出更大的聽力。接著發生了一件事情，這件事帶給了我希望。並且這件事的發生完全出乎我的意料。

——摘自《思考致富》「實現不可能的事」

我們買了一架留聲機。當我的兒子第一次聽見它發出的音樂時，他高興萬分，立刻佔有了這架留聲機。有一次，他把一張唱片放了又放，竟達兩小時之久。他站在留聲機的面前，用牙齒咬著留聲機外殼的邊緣。這種習慣是他自己養成的，我們並不瞭解它有什麼意義。直到許多年後我們才明白這種習慣的意義，因爲當時我們還沒有聽說過「骨頭傳音」的原理。

他佔有留聲機後不久，我發現，在我的嘴唇抵住他頭蓋骨下方的乳突骨講話時，他便能清楚地聽到我的聲音。

斷定他能清楚地聽見我的聲音之後，我立即開始將能聽能說的欲望轉移到他的心裡。不久，我便發現這孩子臨睡時愛聽故事，所以我開始編出一些故事，旨在培養他的自信心、想像力，並能使他產生一種敏銳的欲望，渴望自己能夠聽；成爲一個正常的人。

其中有一個特殊的故事，我每次在講時，都要加一點新的戲劇性的色彩進去，以示強調。我編講這個故事的目的，是要在他的心中培養出一種思想，使他能想通他的缺陷並不是一種負擔，而是一筆價值極大的資產。儘管我所閱讀過的哲學書，都明白地指出每種缺陷都帶有相等利益的種子，但是我必須承認，如何使這一缺陷變成資產，我當時還沒有一條成熟的思路。

——摘自《思考致富》「一次偶然改變了人生」

我總結了自己在教育孩子方面的經驗，發現父母的愛心和鼓勵與孩子的自信和樂觀有著極大的關係。我告訴他，他比哥哥的處境更爲有利，而這種有利反映在很多方面，例如，學校裡的老師會發覺他沒有耳朵，因此他們會給他特別的關懷，對他會特別的好。我還告訴他這樣一個想法，當他長大可做報童時（他的哥哥已是一名報童），會比他的哥哥大爲有利，因爲人們看見他雖然沒有耳朵，卻是一個聰明勤快的孩子，在買他的報紙時會給他一些額外的小費。

大約長到七歲時，他第一次顯示出成功的跡象，我們在他心靈上所下的功夫正在開花結果。

一連幾個月，他一直在要求我們讓他去賣報紙，但是他的母親不肯答應。最後他決心自己來做這件事。有一天下午，當只有他與僕人留在家裡時，他偷偷從廚房的窗戶爬出去，跳到地上，自己闖天下去了。他向街邊的鞋匠借了六分錢，投資在報紙上，賣出後再投資。他這樣反覆地買和賣，直到黃昏過後，他付清了借來的六分錢，計算一下餘額，還淨得了四角二分。那天晚上我們回家時，發現他已入睡，手裡緊緊地捏著剛賺來的錢。

他母親拉開他的手，拿走了錢，就忍不住開始哭了起來。這是不應該的，做母親的爲了兒子生平的第一次勝利而哭起來是不應該的。我的反應恰好相反，我高興得哈哈大笑，因爲我知道我在孩子心中努力培植的信心，已經獲得成功了。

關於這孩子的第一次買賣，他母親所看到的，只是一個耳聾的孩子爲了賺錢，跑到街上去冒生命的危險。我所見到的卻是一個勇敢、有抱負、充滿自信的小商人。他對自己的信心已經倍增，因爲他靠自己主動做起生意，並且成功了。這件事使我高興，因爲我借此已證明了他有充分的能力，能獨立度過他的一生。

——摘自《思考支付》的「贏得新的世界」

人生啟示

《思考致富》是美國成功學大師拿破崙．希爾的一部勵志著作，它從深層意義上揭秘了一些成功人士所共同具有的特點，其中希爾有一句話是這樣說的：「我從未聽說過，有人受到這個秘訣的點撥，運用了這個秘訣，卻未能在自己選定的行業裡取得任何令人矚目的成就；我也從未見過什麼人不運用這個秘訣就能出人頭地，或積累到什麼財富。」《思考致富》爲夢想成功的人們打開了一扇心靈的視窗。拿破崙．希爾總結的成功法則激勵了全球數千萬人，已經幫助無數平凡人贏得了非凡的財富和事業的成功。

本書作者曾經受美國鋼鐵大王卡內基的託付，花了很多年去尋找並驗證卡內基告訴他的成功秘訣。在向幾百人（這些人當中有成功的，也有失敗的）請教後，拿破崙·希爾從他們那裡都得到了一些啓示，並最終寫下這本書。

這部偉大著作中描述的秘訣，其最大的特色在於，那些掌握它並使用它的人從此走向了成功。書中的秘訣不是每一個人都能找到的，只有認真閱讀，時刻準備讓這個秘訣爲己所用，才能夠找得到。這個秘訣對那些準備接受它的人來說，效力跟受教育的程度無關。

一個人要想致富，必須要先有想像力，欲望，信心，自我暗示等。成功，基於追求成功的動機。大多數人都想成功，但是很多人不相信自己會得到自己想要的，試想一個人如果連想也不敢的話，那麼這一生註定在碌碌無爲中度過了，當我們相信了，我們才會激發自己的潛能去達到自己想要的。

《思考致富》中提到每個人都存在著無限的可能性，只有想不到沒有做不到的。書中說道：**一個人的想法決定一個人的做法，一個人的做法決定一個人的活法**。一個人貧窮，主要是腦袋貧窮，要想過上富有的生活，必須有富有的思想。腦袋富有了，口袋才能富有，只有擁有富有的思想，才能遠離貧窮。

讀完這本書，會讓我們有一種對財富全新的理解，對於一個成功的人來說，獲取的財富並不能總是用金錢來衡量的。偉大的友誼、堅韌的毅力以及人與人之間的理解和支持，這一切都只能用精神價值來衡量，所以思考的立腳點應該是我們內心和諧與心靈的寧靜，這些都是我們巨大的財富。

作者簡介

拿破崙．希爾，被譽為「百萬富翁的創造者」，美國成功學勵志專家，成功學、創造學、人際學的世界頂尖培訓大師。在美國，這個名字家喻戶曉。由於他創造性地建立了全新的成功學，因此在人際學、創造學、成功學等領域比戴爾．卡內基有著更高的地位。他的著作《成功規律》、《人人都能成功》、《思考致富》等被譯成多種文字，在多個國家和地區暢銷，是所有追求成功的人必讀的書籍，數以萬計的政界要員、大富豪都是他著作的受益者。

對希爾影響重大的第一件事是其母親的去世。那時他年僅八歲，年幼的希爾心受重創，經常惹是生非。後來父親再婚，繼母瑪莎．拉梅．班勒出現在他的生活中，她清晰的生活目標和積極的人生態度，改變了希爾全家人，也影響了希爾一生。希爾十五歲時，昔日的「搗蛋鬼」變成了一家地方報的小記者。十九歲時，他當上了一家地方煤礦的經理，後辭職學習法律，還合夥經營一家木材公司。後來他進入汽車業，不久又重操新聞記者這一行。這一切，都發生在希爾二十五歲以前的人生。

對希爾影響重大的第二個事件是其成功哲學的創立。當時他受命採訪鋼鐵大王安德魯·卡內基的事蹟，原定三個小時的採訪變成了持續三天的馬拉松式訪談。採訪結束時，卡內基提議將希爾介紹給當時美國最有影響力的人物，讓他從這些人物的成功中獲取秘密。但達成這一點的條件是：希爾要將這些秘密總結成一部讓每位普通人士都能讀懂明瞭的成功哲學。希爾當場接受了卡內基的條件，於是他獲得了一次次良機，收集研究商界巨人的第一手資料，包括亨利·福特、湯瑪斯·愛迪生、亞歷山夫·貝爾、小約翰·洛克菲勒等，共五百多位。安德魯·卡內基還安排希爾拜見希歐多爾·羅斯福總統、威廉姆·塔夫脫總統，伍德·威爾遜和富蘭克林·羅斯福總統，還特意安排希爾在白宮工作，聖雄甘地和其他世界領袖都接見過他。

希爾訪問了五百多位各界名人、行業領袖和無數企業家，其中有成功的，也有失敗的。數十年的傾心研究，使他成為一位暢銷書作家和頗有影響力的一種聲音。一九六二年，拿破崙·希爾與其妻安妮·希爾創建了希爾基金會，致力於「讓世界成為人們過得更好的家園」。基金會秉承希爾的意願，傳播其個人成功哲學，並服務於社會機構、教育工作者、少數群體、監獄犯人、商界以及每一位普通百姓。《思考致富》一直伴隨著希爾基金會的光輝事業，讓全球讀者分享其智慧和秘訣，獲取人生的真正財富。

勵志名言

1. 一個人要獲得成功，所需要的只是一個正確的觀念。
2. 人類主要的弱點之一，就是一般人太熟悉「不可能」這個詞。
3. 在任何事業中，每個勝利的人，都必須燒掉他返回的船隻，切斷所有退路。
4. 當思想與目標、毅力以及獲取物質財富的熾烈欲望結合在一起時，思想更具有強有力的力量。
5. 擬定一個實現你欲望的明確計畫，並且不論你是否已有準備，要立即開始將計畫付諸行動。
6. 想像力的功用有兩種表現形態。其一是綜合想像力，其二為創造想像力。
7. 創造性的能力使用得越多，人就會越具有創造性。
8. 創造性想像力是自動產生的。當思維在緊張工作並受到欲望的強烈刺激時，它便會自然而然地產生作用。
9. 確定一個具體的日期，你決心何時「擁有」你所企求的目標。
10. 你的成就不可能大於你的計畫的正確性。
11. 幾乎所有積累巨大財富的人，都是以出售個人服務為開始的。
12. 自制。不能控制自己的人，是沒有能力控制別人的。自制是為追隨者樹立領袖榜樣，以引起追隨者的效仿。

⑬凡能迅速決斷的人，只要知道自己所要的是什麼，通常都可以得到。

⑭能果斷下定決心並知道自己要什麼的人，通常能得到常人所要的東西和常人得不到的東西。

⑮千百萬人終生過著貧困的日子，原因就在於他們缺乏積累財富的正確計畫。

⑯明確的目標。一個人知道自己所希望的是什麼，是培養毅力的第一步，也許是最重要的一步。一種強烈的動機可以促使人們克服許多困難。

⑰憑藉知識制訂計畫，並將計畫付諸行動，就可以把知識化為力量。

⑱有組織、受智慧引導的知識便是力量，它能推動計畫以取得成功。

⑲猶豫是恐懼的幼苗！猶豫進而成為懷疑，兩者混合則成為恐懼！

⑳貧窮的恐懼是最具破壞的恐懼。

10

富爸爸，窮爸爸

富人理財的秘密是什麼？他們是怎樣發展起來的？《富爸爸，窮爸爸》的作者第一次通俗地說明了其中的秘密，他通過自己的親身經歷印證了走向財務自由的首要觀念，在這一點上窮人和中產階級與富人有天壤之別：窮人和中產階級讓自己為了錢工作；富人則讓錢為自己工作。在這個觀點的基礎上，作者進一步闡明了資產與負債的定義和關係。

富爸爸，窮爸爸

羅伯特．清崎、莎倫．萊希特

你看看周圍，那些最富有的人並不是因為受了良好的教育才致富的，看看邁克爾．喬丹和麥當娜吧，再看看比爾．蓋茨，他退出了哈佛，建立了微軟，他成為當時全美最富的人。即使被貼上了「標新立異」的標籤，他還是擁有每年花費四百萬美元的棒球場。

作品簡介

《富爸爸，窮爸爸》是一個真實的故事，清崎有兩個爸爸：「窮爸爸」是他的親生父親，一個高學歷的教育官員；「富爸爸」是他好朋友的父親，一個高中沒畢業卻善於投資理財的企業家。清崎遵從「窮爸爸」爲他設計的人生道路：上大學，服兵役，參加越戰，走過了平凡的人生初期。直到一九七七年，清崎親眼目睹一生辛勞的「窮爸爸」失了業，「富爸爸」則成了夏威夷最富有的人之一。清崎毅然追尋「富爸爸」的腳步，踏入商界，從此登上了致富快車，並由此成爲一名極富傳奇色彩的成功的投資家。清崎以親身經歷的財富故事展示了「窮爸爸」和「富爸爸」截然不同的金錢觀和財富觀，窮人爲錢工作，富人讓錢爲自己工作！

篇目選摘

我有兩個爸爸，一個富，一個窮。一個受過良好的教育，聰明絕頂，擁有博士的光環，他曾經在不到兩年的時間裡修完了四年制的大學本科學業，隨後又在史丹佛大學、芝加哥大學和西北大學進一步深造，並且在所有這些學校都拿到了全獎；與之相反的是，我的另一個爸爸連八年級都沒能念完。

應該說兩位爸爸的事業都相當成功，而且一輩子都很勤奮，因此，兩人都有著豐厚的收入。然而其中一個人終其一生都在個人財務問題的泥沼中掙扎，另一個人則成了夏威夷最富有的人之一。一個爸爸身後爲教堂、慈善機構和家人留下數千萬美元的巨額遺產，而另一個爸爸卻只留下一些待付的帳單。

其實我的兩個爸爸都是那種生性剛強、富有魅力、對他人有著非凡影響力的人。他們兩個人都曾給過我許多建議，但建議的內容總不相同；他們兩人也都深信教育的力量，但向我推薦的課程從不一樣。

如果只有一個爸爸，我就只能對他的建議簡單地加以接受或者拒絕；而兩個爸爸給我截然對立的建議，這在客觀上使我有了對比和選擇的機會。現在回想起來，這實際上是一種在富人的觀念和窮人的觀念之間進行的對比和選擇，而這種對比和選擇的結果決定了我的一生。

由於兩個父親的觀念對立，使我得不到統一的說法，我便無法簡單地對這些建議予以接受或拒絕，我發現自己有了更多的思考、比較和選擇。

也許會有人說：這完全沒有必要，你只要按照你富爸爸教你的去做，自然就會富有了，還選擇什麼呢？問題是，在給我建議的時候，富爸爸還不算富有，而窮爸爸當時也並不貧窮，兩人都剛剛開始他們的事業，都在爲錢和家庭而奮鬥。然而，他們對於錢的理解卻是如此的迥然不同，這就好像一個爸爸會說：「貪財乃萬惡之源」；而另一個爸爸卻會說：「貧困才是萬惡之本。」

他們之中誰會成功？誰會富有？應該聽誰的？當時我還只是一個小男孩，對我而言擁有兩個同樣富有影響力的爸爸可不是一件好應付的事。我想成爲一個聽話的好孩子，但兩個爸爸說著完全不同的話，他們的觀點是如此相駁，尤其在涉及金錢的問題上更是如此，這令我既好奇又迷惑，我不得不花很多時間對他們的話進行思考。

我用了很多的時間，問自己諸如「他爲什麼會那樣說」之類的問題，然後又對另一個爸爸的話提出同樣的疑問。如果不經過自己的思考就簡單地說：「噢，他是對的，我同意」，或是拒絕說：「這個老爸不知道自己在說些什麼」，我想那會容易得多。然而，這兩個我所愛的觀點不同的爸爸卻迫使我對每一個有分歧的問題進行思考，並最終形成自己的想法。這一過程，即自己去思考和選取而不是簡單地全盤接受或全盤否定的過程，在後來的漫長歲月中被證明對我是非常有益的。

我逐漸意識到富人之所以越來越富，窮人之所以越來越窮，中產階級之所以總是在債務泥潭中掙扎，其主要原因之一在於他們對金錢的觀念不是來自學校，而是來自家庭。我們中的絕大多數人是從父母那裡瞭解錢是怎麼回事的。一對貧困的父母在培養孩子的理財觀念時，只會說：「在學校裡要好好學習哦」。結果，他們的孩子可能會以優異的成績畢業，但同時也秉承了貧窮父母的理財方式和思維觀念——要知道，由於家長的灌輸，這些觀念在孩子很小的時候就已經形成了。

據我所知，迄今爲止，在美國的學校裡仍沒有真正開設有關「金錢」的基礎課程。學校教育只專注於學術知識和專業技能的教育和培養，卻忽視了理財技能的培訓。這也解釋了爲何眾多精明的銀行家、醫生和會計師們在學校時成績優異，可一輩子還是要爲財務問題傷神；國家岌岌可危的債務問題在很大程度上也應歸因於那些做出財務決策的政治家和政府官員們，他們中有些人雖然受過高等教育，但很少甚至幾乎沒有接受過財務方面的必要培訓。

我常常在想，當我們的社會有成百萬的人需要醫療救助時該怎麼辦？當然，家人和政府會救濟他們。可是，當醫療基金和社會保障基金用盡時又該怎麼辦？這並非是杞人憂天，如果我們繼續把教子理財的重任交給那些由於自身缺乏財務知識、正瀕於貧困邊線或已陷入貧困境地的父母的話，很難想像僅靠家人和社會的救濟能夠根治他們的「窮」病，實現整個社會的富裕。

由於我有兩個對我有影響力且可以向其學習的爸爸，迫使我不得不去思考每個爸爸的意見，由此，我認識到一個人的觀念對其一生的巨大影響力。例如，一個爸爸愛說「我可付不起」這樣的話，而另一個爸爸則禁止用這類話，他會說：「我怎樣才能付得起呢？」這兩句話，一個是陳述句，另一個是疑問句，一個讓你放棄，而另一個則促使你去想辦法。那很快就致富的爸爸解釋道「我付不起」這種話會阻止你去開動腦筋想辦法；而問「怎樣才能付得起」則開動了你的大腦。當然，這並不意味著人們必須去買每一件你想要的東西，這裡只是強調要不停地鍛煉你的思維——實際上人的大腦是世界上最棒的「電腦」。富爸爸時常說：「腦袋越用越活，腦袋越活，掙錢就越多。」在他看來，輕易就說「我負擔不起」這類話是一種精神上的懶惰。

雖然兩個爸爸工作都很努力，但我注意到，當遇到錢的問題時，一個爸爸總會去想辦法解決，而另一個爸爸則習慣於順其自然。長期下來，一個爸爸的理財能力更強了，而另一個的理財能力則越來越弱。我想這種結果類似於一個經常去健身房鍛煉的人與一個總是坐在沙發上看電視的人在體質上的變化。經常性的體育鍛煉可以強身健體，同樣地，經常性的頭腦運動可以增加你獲得財富的機會。懶惰必定會使你的體質變弱、財富減少。

就像我前面所說的，我的兩個爸爸存在著很多觀念上的差異。一個爸爸認為富人應該繳更多的稅去照顧那些比較不幸的人；另一個爸爸則說：「稅是懲勤獎懶。」一個爸爸說：「努力學習能去好公司工作」；而另一個則會說：「努力學習能發現並將有能力收購好公司。」一個說：「我不富的原因是我有孩子」；另一個則說：「我必須富的原因是我有孩子。」一個禁止在晚飯桌上談論錢和生意，另一個則鼓勵在吃飯時談論這些話題。一個說：「掙錢的時候要小心，別去冒險」；另一個則說：「要學會管理風險。」一個相信「我們家的房子是我們最大的投資和資產」，另一個則相信「我們家的房子是負債，如果你的房子是你最大的投資，你就有麻煩了」。兩個爸爸都會準時付帳，但不同的是：一個在期初支付，另一個則在期末支付。

一個爸爸相信政府會關心你、滿足你的要求。他總是很關心加薪、退休政策、醫療補貼、病假、工薪假期以及其他額外津貼這類的事情。他的兩個參了軍並在二十年後獲得了退休和社會保障金的叔叔給他留下了深刻的印象。他很喜歡軍隊向退役人員發放醫療補貼和開辦福利社的做法，也很喜歡通過大學教育繼而獲得穩定職業的人生程式。對他而言，勞動保護和職位補貼有時看來比職業本身更爲重要。他經常說：「我辛辛苦苦爲政府工作，我有權享受這些待遇。」

另一個爸爸則信奉完全的經濟自立，他反對這種「理所應當」的心理，並且認爲正是這種心理造就了一批虛弱的、經濟上依賴於他人的人，他提倡競爭。

一個爸爸努力存錢，而另一個不斷地投資。

一個爸爸教我怎樣去寫一份出色的簡歷以便找到一份好工作；另一個則教我寫下雄心勃勃的事業規劃和財務計畫，進而創造創業的機會。

作爲兩個強有力的爸爸的塑造品，我有幸觀察到不同觀念是怎樣影響一個人的一生的，我發現人們的確是在以他們的思想塑造他們的生活道路。

例如，窮爸爸總是說：「我從不富有」，於是這句話就變成了事實。富有的爸爸則總是把自己說成是一個富人。他拒絕某事時會這樣說：「我是一個富人，而富人從不這麼做」，甚至當一次嚴重的挫折使他破產後，他仍然把自己當作富人。他會這樣鼓勵自己：「窮人和破產者之間的區別是：破產是暫時的，而貧窮是永久的。」

我的窮爸爸會說：「我對錢不感興趣」或「錢對我來說不重要」，富爸爸則說：「金錢就是力量」。

儘管思想的力量從不能被測量或評估，但當我還是一個小男孩時，我已經開始明確地關注我的思想以及我的自我表述了。我注意到窮爸爸之所以窮不在於他掙到的錢的多少（儘管這也很重要），而在於他的想法和行動。我必須極其小心地選擇他們兩位向我傳遞的思想並爲我所用。唉，我有兩個爸爸，我究竟應該聽誰的話：窮爸爸還是富爸爸？

兩個爸爸都很重視教育和學習，但兩人對於什麼才是重要的，應該學習些什麼的看法不一致。一個爸爸希望我努力學習，獲得好成績，找個掙錢多的好工作，他希望我能夠成爲一名教授、律師或會計師，或者去讀ＭＢＡ；另一個爸爸則鼓勵我學習掙錢，去瞭解錢的運動規律並讓這種運動規律爲我所用。「我不爲錢工作」，這是他說了一遍又一遍的話，「錢要爲我工作。」

在我九歲那年，我最終決定聽富爸爸的話並向他學習掙錢。同時，我決定不聽窮爸爸的，即使他擁有各種耀眼的大學學位。

羅伯特·弗羅斯特是我最喜歡的詩人，雖然我喜愛他的許多詩，但最喜歡的還是下面這首「未選之路」。每當我讀起這首詩，我都能從中得到某些啓發：

未選之路林中兩路分，可惜難兼行。
遊子久佇立，極目望一徑。

蜿蜒復曲折，隱於叢林中。
我選另一途，合理亦公正。
草密人跡罕，正待人通行。
足跡踏過處，兩路皆相同。
兩路林中伸，落葉無人蹤。
我選一路走，深知路無窮。
我疑從今後，能否轉回程。
數十年之後，談起常歎息。
林中兩路分，一路人跡稀。
我獨進此路，境遇乃相異。

——羅伯特．弗羅斯特（一九一六）

選擇不同，命運也是不同的。

這麼多年以來，我時常回味弗羅斯特的這首詩。的確，選擇不聽從受過高等教育的爸爸在錢上的建議和態度是一個痛苦的決定，但這個決定塑造了我的餘生。

一旦決定了聽從誰，我的關於金錢的教育就正式啓動了。富爸爸整整教了我三十年，直到我三十九歲時，他意識到愚笨的我已懂得並完全理解了他一直努力向我反覆講述的東西時，他才結束了對我長達三十年的教育。

錢是一種力量，但更有力量的是有關理財的教育。錢來了又去，但如果你瞭解錢是如何運轉的，你就有了駕馭它的力量，並開始積累財富。光想不幹的原因是絕大部分人接受學校教育後卻沒有掌握錢真正的運轉規律，所以他們終身都在爲錢而工作。

由於我開始金錢這門課的學習時只有九歲，因此富爸爸只教我一些簡單的東西。當他把所有想教給我的東西說完做完時，總共也只有六門主要的課程，但這些課程在我的腦海中重複了三十多年。本書下面的內容就是關於這六門課的介紹，其形式簡單得就如同當年富爸爸教我時那樣。這些課程不是最終答案而是一個嚮導，一個在這個不確定和飛速變化的世界中幫助你和你的孩子積累財富的嚮導。

——摘自《富爸爸，窮爸爸》羅伯特．清崎口述

人生啟示

羅伯特．清崎的《富爸爸，窮爸爸》這本書裡面很多觀點和方法都很好，讀了這本書，能使我們的金錢觀發生改變。

書的故事主要是講兩個爸爸——窮爸爸與富爸爸，窮爸爸是他的親生父親，受過

全面的高等教育，擁有相當體面的工作，收入頗豐，但終身面臨財務困境。而富爸爸是他父親的朋友，中學就輟學了，卻因爲不同的金錢觀念和超人的理財技能、商業頭腦，最終，成了一個樂觀的億萬富翁。就好比現實生活中的比爾·蓋茨等成功人士。他們雖然沒有接受或完成高等教育，卻是現實社會的成功者。

富爸爸、窮爸爸都是聰明能幹的人，但對金錢有截然相反的觀點，最終決定了他們不同的命運，一個終身爲財務問題所困擾，而另一個身後留下了數千萬美元的巨額財產。

富人理財的秘密是什麼？他們是怎樣發展起來的？《富爸爸，窮爸爸》的作者第一次通俗地說明了其中的秘密，他通過自己的親身經歷印證了走向財務自由的首要觀念，在這一點上窮人和中產階級與富人有天壤之別：窮人和中產階級讓自己爲了錢工作；富人則讓錢爲自己工作。在這個觀點的基礎上，作者進一步闡明了資產與負債的定義和關係。**只有能不斷地為自己掙錢的財產才叫資產，而凡是讓自己不斷花錢的都叫負債**，這種定義儘管看上去很簡單，但實質上充滿了人生的大智慧。

另外，作者還指出人存在的兩種感情恐懼和欲望，這兩種感情很容易讓人陷入「老鼠賽跑」的陷阱。在當今這個物價急速上漲尤其是房價高不可攀的年代，很多人不知不覺就捲入了「老鼠賽跑」的行列中。人們總是希望過上好的生活，厭惡沒有錢的日子。當需求不被得到滿足的時候，於是就開始埋怨工作，埋怨老闆。但是靠拿薪水永遠也不可能真正地致富，不可能真正地變得富有。進入「老鼠賽跑」圈圈的人們總是工作—得到報酬—支出—報酬—支出。或許曾經也有想過幹一番驚天動地的事情，可念想被現實的無奈一次次擊敗了，而是習慣了每天上班下班的生活，儘管有時會念叨自己公司的老闆是一個奴隸主，但是還是天亮了就一如既往地上班，時間到了就下班。日復一日，年復一年。忘記了自己曾經的興趣，忘記了自己曾經的念想。唯一的目標就是還房貸、生活，每天辛苦上班，被老闆壓榨之後，還要被銀行拿去一部分。

生活給了我們很多的機會。我們可以安排自己的生活、選擇自己的人生。為何不跳出讓生活擺佈的圈子，做一個與生活抗爭的人呢？真正能駕馭生活的人，就會成一個充滿智慧、快樂而富有的人。抵擋不了周圍的誘惑，走大眾路線，終其一生也在平凡的工作崗位上工作、生活。很多時候，要有自己的思想，不管周圍人怎麼做，永遠要知道自己需要的是什麼，知道自己追求的是什麼。不能用感情代替思想。只有戰勝了恐懼和欲望，直面內心的弱點、貪婪、缺陷，才能徹底跳出思維的怪圈。

西方經濟學家說，沒有正確的財富觀，不能正確地對待財富，就沒有市場經濟，就沒有資本主義的快速發展。要想成為金錢的主人，讓金錢為自己工作，就應該在工作中勤於思考，不斷增加自己的資產（各類投資，如證券、房地產、知識和技能）。

作者簡介

羅伯特．清崎，著名財商教育專家，理財的「金牌教練」、「百萬富翁的教父」，他教人們成為百萬富翁，這就是為什麼人們稱他為百萬富翁學校的教師的原因。

羅伯特．清崎生在美國夏威夷，長在美國夏威夷，是第四代日裔美國人。他出生於一個教師家庭，父親在夏威夷州教育部任職。高中畢業以後，羅伯特在紐約接受教育，大學畢業後加入了美國海軍陸戰隊，作為軍官和艦載武裝直升機駕駛員，被派往越南戰場。

從戰場上歸來後，羅伯特開始了自己的商業生涯。一九七七年他創立了一家公司，首次將用尼龍和「維可牢」搭鏈製成的「飆網者」錢包投放市場，後來這一產品在世界範圍內成長為價值數百萬美元的產業。他和他的產品在《賽馬世界》、《紳士季刊》、《成功雜誌》、《新聞週刊》上被廣泛介紹。

一九八五年，他離開商界，與別人共同創建了一家國際教育公司。這家公司在七個國家設有辦事處，向成千上萬的學生教授商業和投資課程。他主持的長達一年的節目通過懷舊有線網在全美播放，以傳播他的教育理論。

羅伯特在四十七歲時退休，做起他最喜歡的事情——投資。深感「有產者」與「無產者」之間不斷擴大的鴻溝，羅伯特發明了一種教育玩具——「現金流」紙板遊戲，並用它教會人們去玩那些在以前只有富人們懂得的金錢遊戲。

世界著名的演講家和作家安東尼．羅賓斯這樣評價羅伯特的工作：「羅伯特．清崎所做的教育是有巨大影響力的、深刻的，也可以說是改變人生道路的工作，我對他的努力極為敬佩和推崇。」

在經濟變革迅猛發展的新世紀，羅伯特的話將是無價之寶。

莎倫．萊希特，作為一位妻子和三個孩子的母親，作為一位註冊會計師、玩具和出版業的一位資深經理和諮詢專家，萊希特把自己的專業知識奉獻給了教育事業。

她畢業於美國佛羅里達州州立大學薩馬卡姆勞德學院，獲會計學學位。隨後，她進入了當時的八大會計師事務所之一，成為躋身這一行業的首批婦女。後來，她陸續做過電腦行業的一家增長迅速的公司的財務總監，一家全國性保險公司的稅務指導，威斯康辛州第一家地區性婦女雜誌的創刊者和聯合出版者。同時她還一直保持著一位註冊會計師的職業聲譽。

她對自己孩子的成長十分關注，為此，她將自己的努力重點轉向了教育領域。讓孩子讀書簡直比登天還難，他們更愛看電視，而電視上的幼兒節目降低了他們對於閱讀的興趣。她意識到學校根本沒有採取有效行動，來面對這一挑戰。

因此，她加入了創造第一本電子書籍——「會説話的書」的努力，這一產業如今已發展成為一個價值數百萬美元的國際市場產業。在通過借助新技術將書籍帶回到孩子們的生活中的努力中，她一直站在前列。

隨著孩子們的成長，她更熱情地投入對他們的教育中去。她成為積極推動加強數學、電腦、閱讀和寫作等方面教育的活躍分子。她堅持不懈為提高整個教育系統的效率而奮鬥。

作為《富爸爸，窮爸爸》一書的作者之一，她將自己的注意力轉向現行教育體制的一大缺憾，即對財務基礎知識教育的完全忽視上。對任何有興趣提高自己的財商和改善財務狀況的人來說，《富爸爸，窮爸爸》一書都是一個很好的教育工具。

勵志名言

❶ 窮爸爸：「我不富的原因是我有孩子。」富爸爸：「我必須富的原因是我有孩子。」

❷ 聰明人總是雇用比他更聰明的人。

❸ 學校是產生好雇員而不是好雇主的地方。

❹ 如果你想發財，就需要學習財務知識。

❺ 資產，就是能把錢放進你口袋的東西。

❻ 對成年人來說，把支出維持在低水準，減少借款和勤勞的工作會幫你打下一個穩固的資產基礎。

❼ 公司並不一定是一個真正的實體，公司可以是一些符合法律要求的文件，在

政府註冊後就被放進了律師的辦公室裡。

❽你擁有的任何一項合法資產，你都可以考慮找出以企業形式擁有同等資產時所能享受到更多的好處和保護。

❾一樁交易要獲得盈利，一是廉價，二是有變化。

❿最大的損失是機會損失。

⓫我受過高等教育的爸爸總是鼓勵我去一家大公司找個好工作。他的價值觀是：「順著公司的梯子，一步步往上爬。」他不知道，僅僅依賴雇主的工資，就永遠只能是一頭乖乖待擠的奶牛。

⓬世界上到處都是有才華的窮人。

⓭窮人在為錢而工作，富人讓錢為他們工作。

⓮富人買入資產，窮人只有支出。

⓯人類其實就是在犯錯誤的過程中學習的。

⓰富爸爸說：「對許多知識你只需要知道一點就夠了。」

⓱有膽量不隨大流才能致富。

⓲他們沒有意識到已有的某種思想或方法在昨天還是一種資產，但今天已經變成了負債。

⓳要成為金錢的主人，而不是它的奴隸，這就是財商。

11

沉思錄

《沉思錄》是一位有著強烈道德感的統治者的「內心獨白」。該書不僅成為西方歷史上最打動人心的巨著，還被許多世界名人視為人間至寶，曾被譯成拉丁文、英文、法文、義大利文、西班牙文、俄文等。

11 沉思錄

馬可．奧勒留

對心中神的尊奉在於使心靈免於激情和無價值的思想而保持純潔，不要不滿於那來自神靈和人們的東西，因為，來自神靈的東西，因其優越性是值得我們尊重的；而來自人的東西，因我們與他們是親族的緣故，所以我們應當重視。

作品簡介

《沉思錄》是古羅馬唯一一位哲學家皇帝馬可．奧勒留所著，行文質樸，不尚雕琢，然而由於發諸內心，靈性內蘊，故充塞著一股浩然之氣，令人高山仰止，有一種深沉的崇高之美。

《沉思錄》的內容大部分是馬可．奧勒留在鞍馬勞頓中所寫，是斯多葛派哲學（認為世界理性決定事物的發展變化的唯心主義學派）的一個里程碑。《沉思錄》來自於作者對身羈宮廷的自身和自己所處混亂世界的感受，追求一種擺脫了激情和欲望、冷靜而達觀的生活。馬可・奧勒留在書中闡述了靈魂與死亡的關係，解析了個人的德行、個人的解脫以及個人對社會的責任，要求常常自省以達到內心的平靜，要摒棄一切無用和瑣碎的思想，要正直地思考。而且，不僅要思考善、思考光明磊落的事情，還要付諸行動。

《沉思錄》是一些從靈魂深處流淌出來的文字，樸實卻直抵人心。《沉思錄》是馬可・奧勒留寫給自己如何好好活著的手冊。他統治著我們曾經見過的最強盛的帝國，卻依然能用如此謙遜和優美的筆調寫出這些平實而又發人深省的話語。他提倡純潔的生活，經常提醒自己要按照最好的方式去生活。所有這些文字他不曾想到會出版，所以從書中你可以看到馬可・奧勒留正在摒棄所有物質和世俗的困難，去關注他自身純粹的心智，思考什麼對他而言才是真正最重要的東西。他能夠非常誠實地研究自身，非常坦誠地寫下來，著實讓我們驚歎，《沉思錄》的每一頁都充滿了偉大的智慧。你不需要哲學基礎就可以輕易讀懂這本書，這部兩千年前的智慧之書，至今仍不失光輝，對今人的思想及生活有著重要的指導意義。

哲學原來並非如後世的哲學教科書那般呆板枯燥，而是一潭活水，流瀉在人生的小道之上、山水之間，由涉足其間的沉思者隨手掬來，滌蕩心胸。所以讀《沉思錄》，固然可以正襟危坐，條剖理析；也可以於閒暇之時，憩息之餘，撿起來隨意翻讀。

篇目選摘

1.什麼是惡？它是你司空見慣的。在發生一切事情的時候都把這牢記在心：它是你司空見慣的。你將在上上下下一切地方都發現同樣的事情，這同樣的事物塡充了過去時代的歷史、中間時代的歷史和我們時代的歷史；也充斥著現在的城市和家庭。什麼新的東西：所有事物都是熟悉的、短暫的。

2.我們的原則怎麼能死去呢？除非那符合於它們的印象（思想）熄滅。但是不斷地把這些思想搧成旺盛的火焰是在你的力量範圍之內。我對任何事情都能形成那種我應當擁有的意見。如果我能，我爲什麼要煩惱呢？那在我的心靈之外的事物跟我的心靈沒有任何關係。讓這成爲你的感情狀態，你就能堅定地站立。恢復你的生命是在你力量範圍之內，再用你過去慣常的眼光看待事物，因爲你生命的恢復就在於此。

3.無意義的展覽、舞台上的表演、羊群、獸群、刀槍的訓練、一根投向小狗的骨頭、一點丟在魚塘裡的麵包、螞蟻的勞作和搬運、嚇壞了老鼠的奔跑、操縱的木偶，諸如此類。那麼，置身於這些事物之中而表現出一種好的幽默而非驕傲就是你的職責，無論如何要懂得每個人都是有價值的，就像他忙碌的事情是有價值的一樣。

4.在談話中你必須注意所說的話，在任何活動中你都必須觀察在做什麼。在一件事裡應當直接洞察它所指向的目的，而在另一件事裡你應當仔細觀察事物所表示的意義。

5.我的理智足以勝任這一工作嗎？如果它勝任，那麼我在這一工作中就把它作爲宇宙本性給予的一個工具來使用。但如果它不勝任，那麼，我或者放棄這一工作，把它讓給能夠較好地做它的人來做（除非有某種理由使我不應這樣做）；或者我盡可能好地做它，接受這樣一個人的幫助——他能借助於我的支配原則做現在是恰當並對公共利益有用的事。因爲無論是我做的事還是我能和另一個人做的事，都應當僅僅指向那對社會有用和適合於社會的事。

6.有多少人在享受赫赫威名之後被人遺忘了，又有多少人在稱頌別人的威名之後亦與世長辭了。

7.不要因被人幫助而感到羞愧，因爲這是你的責任，就像一個戰士在攻佔城池中履行職責一樣。那麼，如果因爲腿瘸你不能自個兒走上戰場，而靠另一個人的幫助你卻可能時怎麼辦呢？

8.不要讓將來的事困擾你，因爲如果那是必然要發生的話，你將帶著你現在對待當前事物的同樣理性面向它們。

9.所有的事物都是相互聯結的，這一紐帶是神聖的，幾乎沒有一個事物與任一別的事物沒有聯繫。因爲事物都是相互合作的，它們結合起來形成同一宇宙（秩序）。因爲，有一個由所有事物組成的宇宙，有一個遍及所有事物的神靈，有一個實體、一種法、一個對所有有理智的動物都是共同的理性、一個真理；如果確實如此，這裡也存在著一種完美，這種完美對所有來自同一本源，分享同一理性的動物來說都是一致的。

10.一切物質不久就要消失於作爲整體的實體之中，一切形式（原因）的東西也很快要回到宇宙的理性之中，對一切事物的記憶也很快要被時間所淹沒。

11.對於理性的動物來說，依據本性行事和依據理智行事是一回事。

12.直立起來吧，否則就被扶直。

13.正像在那些物體中各個成分是統一體一樣，各個分散的理性存在也是統一的，因爲他們是爲了一種合作而構成的。如果你經常對自己說我是理性存在體系中的一個成員，那麼你將更清楚地察覺這一點。但如果你說是一個部分，你就還沒有從心裡熱愛人們；你就還沒有從仁愛本身中得到歡樂；你行善還是僅僅作爲一件合宜的事情來做，而尚未把它看成也是對你自己行善。

14.讓那要從外部降臨的事情落在那可以感覺這降臨效果的部分上吧。因爲如果那些感覺得到的部分不選擇如此的話，它們將要抱怨。但是，除非我認爲發生的事情是一種惡，否則我不會受到傷害。而不這樣認爲是我力所能及的。

15.不管任何人做什麼或說什麼，我必須還是善的，正像黃金、綠寶石或紫袍總是這樣說：無論一個人做什麼或說什麼，我一定還是綠寶石，保持著我的色彩。

16.支配的能力並不打擾自身，我的意思是：不嚇唬自己或造成自身痛苦。但如果有什麼別的人能嚇唬它或使它痛苦，讓他這樣做吧。因爲這一能力本身並不會被它自己的意見帶向這條道路。如果身體能夠，讓它自己照顧自己而不受苦吧，如果它受苦，就讓它表現出來吧。而這容易受到恐嚇和痛苦的靈魂本身——完全有力量對這些事形成一種意見的靈魂，將不受任何苦，因爲它將不會偏向這樣的判斷。指導的原則除了需要自己之外，不再需要任何東西，所以，只要它不擾亂和阻礙自己，它是免除了打擾，不受阻礙的。

17.幸福是一個好神，或一個好事物。那麼，你正在做什麼呢？幻想嗎？當你來時，我以神靈的名義懇求你，因爲我不要幻想。但你是按你的老辦法來的，我不生你的氣，而只是要你不幻想而已。

18.有人害怕變化嗎？但沒有變化會有事情發生嗎？又怎麼能使宇宙本性更愉悅或對它更適合呢？木材不經歷變化你能洗澡嗎？食物不經歷一種變化你能得到營養嗎？沒有變化其他任何有用的東西能夠形成嗎？你沒有注意到自己就像宇宙本性需要變化一樣也需要變化嗎？

19.所有物體被帶著通過快如急流的宇宙實體，就像通過一道急流，它們按其本性與整體相統一和合作，就像我們身體的各部分的統一與合作一樣。時間已經吞沒了多少個克里西普，多少個蘇格拉底，多少個埃皮克太德？讓你以同樣的態度來看待每一個人和每一件事吧。

20.只有一件事苦惱我，就是唯恐自己做出爲人的結構不允許的事情——要麼是以它不允許的方式做出，要麼是在它不允許做的時候做出。

21.你忘記所有東西的時刻已經臨近，你被所有人忘記的時候也已經臨近。

22.愛那些做錯事的人，是人的特性。當他們做錯事時，你想到他們是你的同胞，這種情況就發生；他們是因爲無知和不自覺而做錯事的，你們不久都要死去，特別是，做錯事者沒有造成任何傷害，因爲他沒有使你的自我支配能力變得比以前更糟。

23.在宇宙實體之外的宇宙本性，就彷彿是蠟，現在塑一匹馬，當它打破馬時，它用這質料造一棵樹，然後是一個人，然後又是別的什麼東西，這些東西每個都只存在一個很短的時間。而對於容器來說，被打破對它並不是什麼苦事，正像它爲之而生也不是什麼苦事一樣。

24.愁眉苦臉的神態是不自然的，如果經常這樣，其結果是所有的美麗清秀都消散了，最後是蕩然無存以致完全不可能再恢復。試著從這一事實中得出它是違反理性的結論吧。因爲如果甚至對做了錯事的知覺都將消失，還有什麼理性會繼續存在呢？

25.不久，支配著整體的理性將改變你見到的所有事物，而別的事物將從它們的實體中產生，這些事物又再被另一些事物取代，照此進行，世界就可以永遠是新的。

26.當一個人做了什麼錯事時，馬上考慮他是抱一種什麼善惡觀做了這些錯事。因爲當你明白了他的善惡觀，你將憐憫他，既不奇怪也不生氣。因爲無論你自己會想與他做的相同的事是善，或者認爲另一件同樣性質的事是善的，那麼寬恕他就是你的義務。但如果你不認爲這樣的事情是善的或惡的，你將更願意好好地對待那在錯誤中的人。

27.不要老想著你沒有的和已有的東西，而要想著你認爲最好的東西，然後思考如果你還未擁有它們，要多麼熱切地追求它們。同時無論如何要注意，你還沒有如此喜愛它們以至使自己習慣於十分尊重它們，這樣使你在沒有得到它們時就感到煩惱不安。

28.退回自身。那支配的理性原則有這一本性，當它做正當的事時就滿足於自身，這樣就保證了寧靜。

29.驅散幻想，不要受它們的牽引。把自己限制在當前，好好地理解對你或是對別人發生的事情，把每一物體劃分爲原因的（形式的）或質料的，想著你最後的時刻，讓一個人所做的錯事停留在原處。

30.你要注意所說的話，讓你的理解進入正在做的事和做這些事的人的思想內部。

31.用樸實、謙虛以及對與德和惡無關的事物的冷淡來裝飾你自己，熱愛人類，追隨神靈。詩人說，法統治著一切——記住法統治著一切就足夠了。

32.關於死亡：它不是一種消散，就是一種化爲原子的分解，要麼虛無，要麼毀滅或者是改變。

33.關於痛苦：那不可忍受的痛苦奪去我們的生命，而那長期持續的痛苦是可以忍受的；心靈通過隱入自身而保持著它自己的寧靜，支配的能力並不因此變壞。至於被痛苦損害的（身體）部分，如果它們能夠，就讓它們表示對痛苦的意見吧。

34.關於名聲：注意那些追求名聲的人的內心，觀察他們是什麼人，他們避開什麼事物，他們追求什麼事物。想想那積聚起來的沙堆掩埋了以前的沙堆，在生命中也是如此，先前的事物迅速被後來的事物所掩蓋。

35.引自柏拉圖：那種有崇高心靈並觀照全部時間和整體的人，你覺得他會認爲人的生命是一種偉大的東西嗎？那是不可能的。——那麼這樣一個心靈也不會把死看作惡——肯定不會。

36.引自安提斯坦尼：國王的命運就是行善事而遭惡譽。

37.對於面容來說，當心靈發佈命令時，它只服從自己，只調節和鎮定自己，這是一件壞事，而對於心靈來說，它不由自己來調節和鎮定，也是一件壞事。

38.因事物而使我們自己煩惱是不對的，因爲它們與你漠不相關。

39.面向不朽的神將使我們歡愉。

40.生命必須像成熟的麥穗一樣收割，一個人誕生，另一個人赴死。

41.如果神靈不關心我和我的孩子，這樣做自然有它的道理。

42.因爲善與我同在，正義與我同在。

43.不要加入別人的哭泣，不要有太強烈的感情。

44.引自柏拉圖：但是我將給這個人一個滿意的回答，這就是：你說得不好，如果你認爲一個對所有事情都擅長的人應當計算生或死的可能性，而不是寧願在他所有做的事情中僅僅注意他是否做得正當，是否做的是一個善良人的工作。

45.雅典人啊，因爲這確實是這樣：一個人無論置身於什麼地方，都認爲那是對他最好的地方，或者是由一個主宰者將他放置的地方。在我看來，他應當逗留在那兒，順從這偶然，面對他應得的卑賤的職分，不盤算死或任何別的事情。

46.我的好朋友，且想想那高貴的和善的事情是不是某種與拯救和得救不同的事情；因爲對一個生活這麼長或那麼長一段時間的人、至少是一個真正的人來說，考慮一下，是否這不是一件脫離這種思想的事情：那兒一定不存在對生命的任何愛戀，但關於這些事情，一個人必須把它們託付給神，並相信命運女神所說的，沒有誰能逃脫自己的命運，接著要探究的是：他如何才能最好地度過他必須度過的這一段時間。

47.環視星球的運動，彷彿你是和它們一起運行，不斷地考慮元素的循環變化，因爲這種思想將濯去塵世生命的污穢。

48.這是柏拉圖的一個很好的說法：談論人們的人，也應當以彷彿是從某個更高的地方俯視的方式來觀察世事，應當從人們的聚集、軍事、農業勞動、婚姻、談判、生死、法庭的吵鬧、不毛之地、各種野蠻民族、飲宴、哀慟、市場、各種事情的混合和各個國家的有秩序的聯合來看待他們。

49.想想過去，政治霸權的如此劇變。你也可以預見將要發生的事情。因爲它們肯定是形式相似的，它們不可能偏離現在發生的事物的秩序軌道，因此思考四十年的人類生活就跟思考一萬年的人類生活一樣。因爲你能看到更多的東西嗎？

50.從地裡生長的東西要回到地裡，而那從神聖的種子而來的事物也將回到天國。這要麼是原子的相互結合的分解；要麼是無知覺的元素的一種類似的消散。

51.帶著食物、酒和狡猾的魔術，蹓手蹓腳通過狹道想逃脫一死，而天國送出來的微風，我們必須忍受，無抱怨地忙碌。

52.一個人可能更善於打敗他的對手，可是他不是更友善、更謙虛；他沒有得到更好的訓練來對付所有發生的事情，也沒有更慎重地對待鄰居的過錯。

53.在任何工作都能按照符合於神和人的理性而做出，也沒有任何東西值得我們害怕，因爲我們能夠通過按我們的結構成功並繼續進行的活動而使自己受益，無疑我們不會受到任何傷害。

54.在任何場合的時候，這些都是在你的力量範圍之內的：虔誠地默認你現在的條件；公正地對待你周圍的人；努力地完善你現在的思想技藝；不讓任何東西不加考慮地進入自己的思想。

55.你不要環顧四周以發現別人的指導原則，而要直接注意到引導你的本性，注意那通過發生在你身上的事而表現的宇宙的本性和通過必須由你做的行爲而表現的你的本性。而每一在都應當做合乎其本性的事情，所有別的事物都是爲了理性存在物而被構成的，在無理性的事物中，低等事物是爲了高等事物而存在，但理性動物是爲了彼此而存在的。

那麼在人的結構中首要的原則就是友愛原則。其次是不要屈服於身體的引誘。因爲身體只是有理性者和理智活動確定自己範圍的特殊場所；不要被感官或嗜欲壓倒，因爲這兩者都是動物的，而理智活動卻是至高無上的，不允許自己被其他運動所凌駕。保持健全的理性，因爲它天生是爲了運用所有事物而形成的。在理性結構中的第三件事是：擺脫錯誤和欺騙。然後，緊緊把握這些支配性原則於直接前進的事物之上，它就能得到屬於它所有的。

56.想到你是要死的，要在當前的某個時刻結束你的生命，那麼按照本性度過留給你的時日。

57.熱愛那僅僅發生於你的事情，僅僅爲你紡的命運之線，因爲，有什麼比這更適合於你呢？

58.面對發生的一切事情，回憶一下這樣一些人，同樣的事也曾對他們發生，他們曾是多麼煩惱啊，把這些事情看作奇怪的、不滿於它們，而現在他們到哪裡去了呢？無處可尋。那麼你爲什麼願意以同樣的方式行動呢？你爲什麼不把這些與本性相歧異的焦慮留那些引起煩惱並被煩惱影響的人呢？你爲什麼不完全專注於正確利用發生在你身上的事物呢？因爲那樣你將好好地利用它們，它們將給你的工作提供材料。僅僅傾聽自身，在你做的一切行爲中都決心做一個好人，記住……

59.觀照內心。內心是善的源泉，如果你挖掘，它甚至會汩汩地湧出。

60.身體應當是簡潔的，無論在活動中還是姿態上都不表現出雜亂無章。因爲心靈通過表情而表現的理智和合宜，也應當體現在整個身體之中。所有這些事情都應當毫不矯揉造作地去做。

61.在這方面，生活的藝術更像角鬥士的藝術而不是舞蹈者的藝術，即它應當堅定地站立，準備著對付突如其來的進攻。

62.總是觀察那些你希望得到他們嘉許的人，看看他們擁有什麼樣的支配原則。因爲那樣你將不會譴責那些不由自主地冒犯你的人，你也不會想要得到他們的嘉許，只要你看清了他們的意見和口味的根源。

63.哲學家說，每一靈魂都不由自主地偏離真理，因而也同樣不由自主地偏離正義、節制、仁愛和諸如此類的品質。總是把這牢記在心是很有必要的，因爲這樣你就將對所有人更和藹。

64.在任何痛苦中都讓這一思想出現，即在這痛苦中並沒有恥辱，它並不使支配的理智變壞，因爲就理智是理性或仁愛的而言，它並不損害理智。的確，在很痛苦的時候也可以讓伊比鳩魯的這些話來幫助你：痛苦不是不可忍受或永遠持續的，只要你記住它有它的界限，只要你不在想像中增加什麼東西給它，痛苦也不是不可忍受或是會永遠持續下去。記住這一點，我們並沒有覺察，我們把許多使我們不愜意的事情也感覺爲痛苦，如打瞌睡、燥熱和失去胃口。那麼，當你不滿於這些事情時，你就對自己說，我是在遭受痛苦。

65.注意，對沒有人性的人，不要像他們感覺別人那樣看待他們。

66.我們怎麼知道泰拉格斯在性格上不如蘇格拉底優越呢？因爲僅下面這些還是不夠的：蘇格拉底有更高貴的死；更巧妙地與智者辯論；更能忍耐寒冷的冬夜；當他被

命令去逮捕薩拉米的萊昂時，他認爲拒絕是更高尙的；他昂首闊步地在街上走過——雖然這一事實人們很可能懷疑其真實性。此外我們還應當探究：蘇格拉底擁有一顆什麼樣的靈魂，是否他能夠滿足於公正地對待人和虔誠地對待神，不爲人們的犯罪苦惱，同時也不使自己屈服於任何人的無知，不把從宇宙降臨於他的任何事情看作是奇怪的，不把它作爲不可忍受的東西，不允許他的理智與可憐的肉體的愛好發生共鳴。

67.自然並沒有如此混合你的理智與身體結構，以至不容許你有確定自身的力量和使你自己的一切服從你支配的力量；因爲成爲一個神聖的人卻不被人如此承認是很有可能的。要總是把這牢記在心；過一種幸福生活所需要的東西確實是很少的。不要因爲你無望變成一個自然知識領域中的辯證家和能手，就放棄成爲一個自由、謙虛、友善和遵從神的人的希望。

68.即使全世界的人都隨心所欲地叫喊著反對你，即使野獸把裹著你的皮囊撕成碎片，過一種免除心靈最大寧靜中所有壓力的生活也完全是你力所能及的。因爲置身於所有阻礙物中的心靈，是在寧靜中、在對所有周圍的事物的公正正確的判斷中，也能正確利用出現在其面前的物體，因此，對落入其視線的物體，它可以說：你確實存在（是一實體），然而在人們的意見中你可以呈現爲另一種不同的模樣；這種利用也將對落入其手的事物說：你是我正在追求的事物，因爲對於我來說，那出現的事物始終是可以用於理智的和政治的德性的材料，一言以蔽之，是可以用於屬於人或神的藝術訓練中的。因爲一切發生的事情都或者與神或者與人有一種聯繫，這種事情絕不是新的和難於把握的，而是有用的和方便的工作材料。

69.道德品格的完善在於把每一天都作爲最後一天度過，既不對刺激做出猛烈的反應，也不麻木不仁或者表現虛僞。

70.不朽的神是不煩惱的，因爲他們在如此長的時間裡必須不斷地忍受這樣的人們，忍受他們中的許多惡人，此外，神也從各個方面關心他們。但是，作爲註定很快要死去的人，你就厭倦了忍受惡人了嗎，而且當你是他們中的一個時也是這樣？

71.對一個人來說這是一件可笑的事情：不擺脫自己身上的惡，的確是可能的；但是要擺脫他人身上的惡又是不可能的。

72.無論哪種理性和政治（社會）的能力發現自己不是理智的也不是社會的，它就恰當地判斷自己是劣於自身的。

73.當你做了一件好的事情，另一個人由此得益，你爲什麼要像傻瓜一樣尋求除此之外的第三件事——得到做了一件善行的名聲或獲得一種回報呢？

74.無人厭倦收到有用的東西。而按照本性行動是有用的。那麼就不要厭倦通過別人做這些事而收到有用的東西吧。

75.整體的本性在運動中產生宇宙。現在發生的一切事物或者是作爲結果、或者是作爲連續出現的，甚或宇宙支配力量引導自身行動的主要事物也不受理性原則的支配。如果記住這一點，將使你在很多事情中更爲寧靜。

——摘自《沉思錄》卷七

人生啟示

《沉思錄》是一位有著強烈道德感的統治者的「內心獨白」。該書不僅成爲西方歷史上最打動人心的巨著，還被許多世界名人視爲人間至寶，曾被譯成拉丁文、英文、法文、義大利文、西班牙文、俄文等。

《沉思錄》一書，對於如何正確看待人生和待人處事方面頗有見解，下面是從《沉思錄》中獲取的幾點觀點。

1.適者生存。適者生存這一法則不僅只適用於動物界，對我們人類也同樣適用，尤其是在當今競爭越來越激烈的社會，一個稍不留神，我們可能就被社會遺棄了。如果不想成爲社會的棄嬰，我們就必須學會適應周圍環境，適應整個社會。

2.恬淡達觀。奧勒留說：「宇宙是流變，生活是意見。」這句話是作者世界觀和人生觀的完美體現，他認爲宇宙是變化的，時間是即逝的，人生及萬物是短暫的，名利是易腐的，因此人首要也是唯一的選擇，就是珍惜現在並把握現在。他把「生活」視作人對外物的一種體驗或判斷（意見）。他說：「如果你因什麼外在的事物感到痛苦，打擾你的不是這一事物，而是你自己對它的判斷。」作者主張，遵從自然生活，按照本性而生活，唯此，才是真正的幸福。作者認爲，生命必須像成熟的麥穗一樣收割，一個人誕生，另一個人赴死，把死亡視作自然的有益運轉。他時刻告誡自己要觀照內心，不僅行動要高貴，而且動機要純正，認爲「一個人退隱到何處，也不如退隱到自己心靈更爲寧靜和更少苦惱」。

3.挺住精神。人需要沉得住氣，不管在任何時候。我們不再是天真無知的小學生，也不再是埋頭苦讀的中學生，因此我們做事需要耐得住氣，不能一味地莽撞，或者是鋒芒畢露，我們需要不到最後絕不言敗的精神與毅力，還要有在苦海中作樂的坦蕩與大度。所以，當你在苦難中備受煎熬時，你要對自己說：堅持吧，挺一挺就過去了，成功就在不遠處。

4.博大的胸襟。作者以憂鬱和高貴的筆觸向我們傾訴了他對生命的感悟和對宇宙、自然與人之本質的沉思。在他看來，宇宙是一個井然有序的整體，世界中的一切相互聯繫並共同分享有一個遍及所有事物的神或真理。社會中的一切事物，其本質就是彼此爲了對方而存在。作者還認爲，現實中的許多力量是人力所無法抗拒的，所以我們應該欣然地接納他們。

《沉思錄》沒有過分地講究辭藻，而是一部經典哲學名著。「一個人退到任何一個地方都不如退入自己的心靈中來，特別是當他在心裡有這種思想的時候，通過考慮它們，他馬上進入了完全的寧靜。」但就是這些簡單的話語，讓人有一種聽古典神秘音樂時的靜謐感和認同感。

書中蘊含的那種天下一家的世界主義及人皆有理性、理性皆相同的思想對後世產生了深遠的影響。作爲一本哲學書、生活書、勵志書，《沉思錄》仍然具有現實意義。作者寬廣的胸懷及言行一致、努力踐行自己的世界觀等優秀品質，永遠值得我們後人學習。

作者簡介

馬可．奧勒留，著名的「帝王哲學家」，古羅馬帝國皇帝，奧勒留也許是西方歷史上唯一的一位哲學家皇帝。自青年時代起三度出任執政官，並在四十歲時成為擁有全權的皇帝。但是，他堅持同養兄維勒斯一道繼承皇帝之位，形成羅馬帝國的歷史上第一次由兩位具有同等地位和權力的皇帝共執朝政。他為帝國夙興夜寐地勤勉工作，作為體恤民情的法律實踐者，他頒佈大量法令，作出諸多司法決定並從民法當中刪除不合理的條款；作為統帥，他為平定兵患動亂而風塵僕僕征戰四方，並最終死於軍中。利用辛勞當中的片暇，他不斷寫下與自己心靈的對話，從而著就了永懸後世的《沉思錄》。他是一個比他的帝國更加完美的人，他勤奮工作最終並沒有能夠挽救古羅馬，但是他的《沉思錄》成為西方歷史上最為感人的偉大名著。

馬可．奧勒留是皇帝安東尼的養子，安東尼死於西元一六一年。其父親一族曾是西班牙人，但早已定居羅馬多年，並從維斯佩申皇帝那裡獲得了貴族身分。馬可．奧勒留幼年喪父，是由他的母親和祖父撫養長大的，並且在希臘文學和拉丁文學、修辭、哲學、法律甚至繪畫方面得到了在當時來說是最好的教育，他從老師那裡熟悉和親近了斯多葛派的哲學（例如埃比克太德的著作），並成為最重要的斯多葛派哲學家之一，並在其生活中身體力行。他的養父精心安排了他的教育，為他聘請良師，教他修辭學及詩藝，就其所處的時代而言，他受到的可謂是開明和自由的教育。

馬可．奧勒留在位近二十年，這是一個戰亂不斷、災難頻繁的時期，洪水、地震、瘟疫，加上與東方的安息人的戰爭，來自北方的瑪律克馬奈人在多瑙河流域的進逼，以及內部的叛亂，使羅馬人口銳減，貧困加深、經濟日益衰落，即使馬可．奧勒留以其堅定精神和智慧，夙興夜寐地工作，也不能阻擋古羅馬帝國的頹勢。在他統治的大部分時間裡，尤其是後十年，他很少待在羅馬，而是在帝國的邊疆或行省的軍營裡度過。馬可．奧勒留與安東尼．派厄斯的女兒福斯泰娜結婚並生有十一個孩子。據說，他在一個著名的將軍、駐敘利亞的副將卡希厄斯發動叛亂時表現得寬宏大量。但他對基督教徒態度比較嚴厲，曾頒發過一道反對基督教徒的詔書。西元一八〇年三月十七日，馬可·奧勒留因病逝於文多博納（維也納）。

勵志名言

❶一方面能足夠強健地承受，另一方面又能夠保持清醒的品質，正是一個擁有一顆完善的、不可戰勝的靈魂的人的標誌。

❷熱切的追求你認為是最好的東西。

❸痛苦不是不可忍受或永遠持續的。

❹在無望完成的事情中也要訓練自己。

❺唯一能從一個人那裡奪走的只是現在。如果這是真的，即一個人只擁有現在，那麼一個人就不可能喪失一件他並不擁有的東西。

❻不僅要思考善良、思考光明磊落的事情，還要付諸行動，行動就是你存在的目的，全然不要再談論一個高尚的人應當具有的品質，而是成為這樣的人。

❼這是一個羞愧：當你的身體還沒有衰退時，你的靈魂就先在生活中衰退。

❽不要老想著你沒有的和已有的東西，而要想著你認為最好的東西。

❾我的理智足以勝任這一工作嗎？如果它勝任，那麼我在這一工作中就把它作為宇宙本性給予的一個工具來使用。

❿寧靜不過是心靈的井然有序……

⓫感覺屬於身體，愛好屬於靈魂，原則屬於理智。

⓬一個人退到任何一個地方都不如退入自己的心靈更為寧靜和更少苦惱，特別是當他在心裡有這種思想的時候。

⓭哲學家說，如果你能敏銳地觀察，就能明智地調查和判斷。

⓮讓你的行為和活動限定於有益社會的行為，因為這符合你的本性。

⓯丟開你的意見，你們就丟開了這種抱怨：「我受到了傷害。」而丟開「我受到了傷害」的抱怨，這傷害也就消失了。

⓰洞察每個人的支配能力；也讓所有其他的人洞察你的支配能力。

⓱幸福只能在內心找到。如果我們的頭腦充滿了不幸的恐懼與野心，就不可能擁有一顆輕鬆自在的心。

⓲宇宙的本性帶給每一件事物的東西都是有利於它們的。當本性帶給它們時，那是為了它們的利益。

⓳人們相互蔑視，又相互奉承，人們各自希望自己高於別人，又各自匍匐在別人面前。

⓴我常常覺得這是多麼奇怪啊：每個人愛自己都超過愛所有其他人，但他重視別人關於他自己的意見，更甚於重視自己關於自己的意見。

12

心靈雞湯

《心靈雞湯》這套書收錄了近百篇的故事，每位作者都提供了他們的生活體驗和處世哲學，而編者再依主題分類編成，包括七大主題。這七大主題主要包括：愛的力量、學習愛你自己、教養之道、論學習、讓夢想成真、克服障礙、處世智慧等不同的單元。內容大部分是日常生活中的平凡故事，通俗易懂，但都蘊含了深刻的道理，發人深思。

12 心靈雞湯 傑克．坎菲爾德、馬克．維克多．漢森等

花一點時間去思考一下自己是個怎樣的人，以及希望成為什麼樣的人。從今天起一年後，再次審視自己。如果你能擁有自己想要的東西，而且在努力之下能夠得到，那麼這會是什麼？你最想讓自己得到的是什麼？當你回顧自己生活中的這段經歷時，你想記住什麼？你希望擁有什麼樣的體驗，什麼樣的成就？

作品簡介

《心靈雞湯》包括《心靈雞湯：感悟幸福的人生課》《心靈雞湯：發現快樂的人生課》《心靈雞湯：專注的力量》。

一、《心靈雞湯：感悟幸福的人生課》

你是否很好奇為什麼有些人總會在合適的時機出現在合適的地點，享受著美好的

財富，身體健康，還有理想的伴侶與快樂的孩子相伴，並且成就得比常人想像的還要多？你是否曾思考過他們爲什麼會變得如此的「幸運」，或者說是什麼讓他們如此在人生中左右逢源？這些人們之所以能夠有較好的生活狀態並且實現了自己的夢想，正是因爲利用了吸引定律——這條最古老而頗具影響力的定律充分釋放了自己的潛力。

《心靈雞湯：感悟幸福的人生課》將告訴你什麼是吸引定律，並且如何運用這條定律來創造你自己的成功。

《心靈雞湯：感悟幸福的人生課》由風靡全球的暢銷書《心靈雞湯》的原作者所著，書中包括了練習題、課程、真實的故事以及一些被證實的關鍵要點。它向人們展示了如何去掌握吸引定律中的一些基本要點，這當中包括生命中重要的時刻，創造空間以獲取財富，學會假裝，相信直覺，轉換思維，懷揣一顆感恩的心以及把不可能變成可能。數千年以來，人們一直都在使用這些方法以得到他們想要的東西，而現在你也能用相同的辦法來創造你自己夢想中的生活。

二、《心靈雞湯：發現快樂的人生課》

天天都快樂可能嗎？對於大多數人來說，快樂來去匆匆，也許今天我們感到快樂，但可能明天痛苦就在等待著我們，如果不論發生什麼情況你都一直熱愛著生活，那麼快樂就會天天伴隨在你的身邊。《心靈雞湯：發現快樂的人生課》將告訴你如何來做到這一點。

在這本既鼓舞人心又切合實際的書裡，作者會與我們分享一些重要的人生課。以幫助我們調整生活態度、平衡思維想法，並體驗那份當我們竭盡所能、無怨無悔去追求的平靜心態，在每節課中都會穿插一些發人深省的故事，其主題如下：把整個世界都當作自己的家，全身心地去創造快樂，把恐懼轉變爲勇氣，用誠實來改變生活，不要在意他人的評論，用心去生活。

三、《心靈雞湯：專注的力量》

實現積極的轉變需要真正的自我約束，這本書將向你展示如何通過積聚能量最大限度地增加財富，同時擁有更健康、更快樂、更平衡的生活方式。

無論在職場上，還是在生活中，人們遭受失敗的最大原因到底是什麼？答案很簡單：缺乏專注。

這一點也不奇怪。我們都陷入了「無窮瑣事」：不得不做的事情、想要完成的事情、職場目標、財務追求以及那些時不時冒出來的、不管手上在做什麼都必須立刻處理的各種急事。這就難怪我們的腦袋總是被塞得忙忙亂亂，根本無法專注在我們真正想要實現的目標上。

本書延續「心靈雞湯」一貫寫法，以「專注力」這一人生主題爲核心，將告訴我們關於專注力更深層次的理解，主要是從成功習慣養成公式、專注焦點、放眼遠景、平衡人生、人脈、自信、人生設想、堅持、行動、有目標生活十個方面制定可行的策略，鍛煉專注力，並利用它本身所具有的強大、神秘力量，實現個人的人生成功。

職場人士如今面臨的三個最大挑戰是：時間壓力、財務壓力，以及如何保持工作與家庭之間的良好平衡。許多人生活節奏過快，像停不下來的腳踏車，任何時候壓力都很大。職場人士越來越強烈地渴望多姿多彩的生活，而不希望自己無暇陪伴家人和朋友，成爲無法享受生活的工作狂。許多人還承受著巨大的負罪感，這無形中加重了他們的壓力，活得太辛苦。本書將從許多方面幫助職場人士解決這方面的問題。

篇目選摘

一心一意減肥

只要相信自己，便可一往無前。

——艾米莉・蓋伊

「哇！」一位朋友四個月後一見到我就這麼說，「你長胖了……減肥就別想了，再說你又絕經了。」

我退縮了。每年冬天我都會增加幾磅體重，但今年胖得更厲害。我對自己的外形很不滿意，擔心被她言中。於是，我下定決心，只要有可能，就一定要找回「正常的」自我。

幾十年如一日，我看著家人和朋友都在拚命減肥，體重忽上忽下，就像溜溜球，所以我也不準備節食了。我不知道該做什麼好，直到後來聽了亞伯拉罕·希克斯的講座磁帶。亞伯拉罕說：「你只要覺得自己胖，吸引力就會大打折扣。你所要做的就是『一心一意減肥』。」

哇！我心想，這個想法真棒。是啊，我不就是覺得自己胖嗎？於是我當場鄭重決定自己需要什麼樣的吸引力。我決定三個月後讓自己擁有適當的體重和良好的體形。現在我要去除所有多餘的體重，一心一意減肥。

每頓飯之前，每次練瑜伽之前，我都會重複這個目標。我不斷地感覺自己苗條，走路時顯得苗條，站立時想著苗條，連穿衣服都特別講究，想讓自己感覺自己的美麗。我要感覺怎麼樣才會達成自己心目中的適當體重和良好體型。

早上五點半起床後，我會在中央公園裡散步兩英里半。每天我都會多走點路，享受玉蘭花、蘋果和櫻桃樹的香味。我對鮮豔的色彩和濃烈的香味、嘰嘰喳喳的鳥鳴和投射在湖面與水壩上瞬息變化的光線樂此不疲，這樣的聲光水影預示著孕育萬物的春天即將來臨。我在這兒感覺它的豐饒，我猶如置身於莫內的油畫，對噴湧而出的綠色和藍色，對結著寒霜的粉色，對水乳交融卻又涇渭分明的紫色和黃色無窮變幻的光影讚歎不已。我感覺充滿快樂，周身洋溢著生機和愛意。

我沉湎於無拘無束、快樂的孩提時代——傾聽孩子們的歡笑、觀看他們專注於眼前的事情，和他們一起專心致志。在經歷這些階段的時候，我覺得自己專心、充實、快樂。我感覺好極了。我正在「一心一意減肥」。我的恐懼消退，擔心自己變胖的想法也不復存在。

我的身體和飲食習慣都有了細微的變化。我雖然吃得健康，但仍然可以享受葡萄酒和冰淇淋這些美食給予我的樂趣，儘管我吃得很少，但每一口都會細細品嘗。「二戰」時，英國牧師向公眾談論配給制時提出了一條建議：「麵包上黃油塗得薄一點，吃的時候用舌頭攪動黃油，這樣會更有滋味。」我常拿這個建議開玩笑。啊哈！無論吃什麼，這樣做都很有效。當然，每頓飯前後，我都會告誡自己：我正在「一心一意減肥」。

我想使練習更有趣味，就給自己設了一個起床後的十分鐘例行程序：利用健身球鍛煉腹部，並隨著舞曲有節奏地運動。這樣做很有意思，我對自己和自己的身材有了越來越好的感覺。現在我苗條多了、勻稱多了、健康多了——感覺好極了。鍛煉讓我覺得活力充沛！

一件在幾個月前我還穿不上身的衣服，現在穿起來卻寬鬆多了，我穿上它簡直容光煥發。有個法國帥哥竟然公然向我獻殷勤，他說我很漂亮，我聽後真是受用極了。

哦，是啊，還要做得更好！要更上一層樓。現在我不僅僅是在「一心一意減肥」，我還要追求更大的成功和更多的金錢，我的新朋友和導師都會說明我前進。起先減肥只是個有趣的實驗，如今卻變成了一種生活方式，一種通往歡樂和自愛的途徑，因爲我正在讓自己活得更好，正在有意識地開創嚮往的生活。「一心一意減肥」爲「一心一意關愛」打開了一扇門。

——摘自《心靈雞湯：感悟幸福的人生課》人生第一課：讓你的激情指引方向

花一點時間去思考一下自己是個怎樣的人，以及希望成為什麼樣的人。從今天起一年後，再次審視自己。如果你能擁有自己想要的東西，而且在努力之下能夠得到，那麼這會是什麼？你最想讓自己得到的是什麼？當你回顧自己生活中的這段經歷時，你想記住什麼？你希望擁有什麼樣的體驗，什麼樣的成就？

首先買一本日記本或筆記本，最好是那種使你賞心悅目的漂亮日記本。它就是你的「成功日記」，讀完本書的每篇故事，做完練習後，你就會用到它。

1.給自己寫封信，根據剛才回答的那些問題，描述從今天起的一年後自己會變成什麼樣子。寫下日期，塞入信封，把它封好，這封信只有你才能打開，然後把它放在從今天起的一年後你能找到的地方。下面是我們的客戶提供的一些建議，他們通常都會把信藏在一年後很容易找到的地方：

有人把信藏在存放內衣的抽屜的底部，並在網路日曆上作個記錄，寫明一年後再去那兒找出信。

還有人把信藏在存放帳單的抽屜裡，因爲那裡經常會被查看，所以到了第二年也會很容易記起來。

有人把它和聖誕裝飾品放在一起，所以取東西的時候，就能找到信。

有人把它貼在廚房的記事板上，一直在上面貼一年。

還有些人把這些信寄給我們，上面寫明了回寄的地址，貼好了郵票，這樣我們就能在年底把信寄回去。

最重要的是，要把它放在從現在起一年後能找到的地方。今天就可以開始。好好設計一下自己真正想要的生活，現在就動手吧！

2.先回顧自己已經走過的歲月，要盡可能回溯。你想要達成的或體驗的是什麼？你怎麼定義美好生活？你想要成爲、想要達成、想要擁有的是什麼？什麼樣的生活能讓你一想起它，就會激動不已？你現在就可以給自己設定基礎。在學習本書的課程和練習時，讓你的激情爲你指引方向。好好想想，什麼才會賦予你滿足感，或者什麼才能讓你感覺到生活的樂趣。

你在寫「成功日記」時，要寫下自己一生中想要成爲的、想要達成的或想要擁有的每一個目標、願望或成就。每頁只寫一項。一有想法，就馬上把它寫下來，不要對它進行分析、評判或審查。盡可能把這本本子寫滿。那些難以達到的、愚蠢的、大膽的或不可能實現的想法也可以寫在裡面。關鍵就是不要去對它審查。你要擺脫慣常的思考方式，拓展自己的思維。下面就是有些人寫下的一些想法：

每天喝六十四盎司酒。

去電台表演脫口秀。

花更多的時間融入大自然。

每月抽出一週時間成爲自己。

每週工作三天。

成爲最好的母親。

不欠債。

讓兒子在家裡上課。

擁有價值六百萬美元的夢之屋。

成爲能言善辯之人。

參加聲樂訓練班，在當地的劇院進行表演。

身體健康。

爲初爲人母的媽媽們建立康復中心。

爲自己聘請管家、園藝師、維修工、手藝精湛的廚師和私人導購。

成爲成功的演員。

成立基金會，爲低收入家庭的兒童頒發獎學金，輔導他們學習。

擁有幾百萬美元的生意，教導人們如何輕輕鬆鬆地過上幸福生活。

乘坐頭等艙。

成爲全職畫家。

成爲成功的演說家，專門講授發家致富的秘訣，每次演講收入幾萬美元。

——摘自《心靈雞湯：感悟幸福的人生課》人生第一課：讓你的激情指引方向

人生啟示

《心靈雞湯》這套書收錄了近百篇的故事，每位作者都提供了他們的生活體驗和處世哲學，而編者再依主題分類編成，包括七大主題。這七大主題主要包括：愛的力量、學習愛你自己、教養之道、論學習、讓夢想成真、克服障礙、處世智慧等不同的單元。內容大部分是日常生活中的平凡故事，通俗易懂，但都蘊含了深刻的道理，發人深思。

這本書教我們學會如何去疼愛他人，如何去迎接生活的挑戰，如何去教育孩子……它就像一位良師益友無時無刻地影響著我們。

其中卷七中講了一個讓人記憶猶新的故事：野雁的感覺。這個故事講的是一群大雁互相幫助，飛往南方的過程。一路上，牠們遭遇了許多困難，但牠們齊心協力，借助團隊的力量，最終成功到達了南方。在這個故事中布萊克說了一句話：「沒有一隻鳥會升得太高，如果牠只用自己的翅膀飛升。」其實是在告訴我們人與人之間只有互相幫助，才能獲得更大的成功。一個人如果脫離了團隊，脫離了機體，就一定不能取得足夠大的成果。從古至今，縱觀歷史，成功的總是那些懂得和別人互幫互助的人，合作使他們擁有更大的優勢。俗話說三個臭皮匠賽過一個諸葛亮。

當然了，心靈雞湯這本書給予我們的遠遠不止這些，它還教我們如何教育孩子，如何讓充分運用自己的智慧、如何讓去愛護他人……

人的一生都應不斷地學習，尤其生活在現代這個快速發展的新時代，知識不斷的更新，舊事物很快被新事物所取代的知識大爆發的時代，更應該不斷地充實自己的頭腦，唯有學習各種不同的事物，才能在多元化的社會中生存下來。知識就是力量，知識能夠改變命運，能使自己有良好的判斷力，是非分明，可以有更好的處理能力。「盛年不重來，一日難再晨，及時當勉勵，歲月不待人。」勸人要及時努力，不要辜負大好時光。「學而不思則罔，思而不學則殆。」強調要學思並重，在學習之餘也要多思考。才能在這其中得到更多的智慧和經驗。遇到自己不會的問題就應不恥下問，儒家學派代表人物孔子，本身已經是飽讀詩書，滿腹經綸了，但他仍虛心求教以更充實自己，這種精神值得我們每個人去學習，也唯有秉持這種信念，才可以使自己學得更多、更長久，「生也有涯，而知也無涯」。也就是要「活到老，學到老。」

作者簡介

傑克．坎菲爾德和馬克．維克多．漢森是《心靈雞湯》的主要作者。由於篇幅所限，下面只介紹這兩位作者。

傑克·坎菲爾德是暢銷書《心靈雞湯》的原創者之一，他的主要著作包括《阿拉丁口訣》和《敢拚就能贏》，以及專題講座《自豪與最佳表現》等。《心靈雞湯》曾創下七千萬的銷售記錄，《時代》雜誌曾稱其為「十年來出版界的特殊現象」。該系列囊括了一百四十多本叢書，印數達一億多，已被翻譯成四十七種文字。傑克還是一位世界頂級勵志大師，是《秘密》的導師之一，傑克·坎菲爾德實踐「吸引力法則」已達三十餘年，他根據自己親身實踐經歷創作的全新力作《吸引力法則：心靈使用指南》，一推出就長期佔據亞馬遜網站心靈勵志類暢銷書排行榜冠軍。

馬克·維克多·漢森也是「心靈雞湯」系列叢書的合著者，同時也是《一分鐘百萬富翁》、《一分鐘快速致富》的合著者，著名的勵志大師。他是一個備受追捧的演講人、暢銷書作者、市場行銷專家。他關於可能性、機遇、行動的具有衝擊力的見解，已經為全球成千上萬人的人生帶來了神奇的改變。

勵志名言

1. 人類在探索太空，征服自然後，將會發現自己還有一股更大的能力，那就是愛的力量，當這天來臨時，人類文明將邁向一個新的紀元。
2. 苦痛會消失，唯有真愛永駐心間。
3. 讓別人的生命有一點不同，有一點亮光是何等簡單啊！

❹尊敬別人的人，同樣會受到別人的尊敬。正像站在鏡子前面一樣，你怒他也怒，你笑他也笑。

❺愛是不會老的，它留著的是永恆的火焰與不滅的光輝，世界的存在，就以它為養料。

❻人在心中應該設身處地想到的，不是那些比我們更幸福的人，而只是那些比我們更值得同情的人。

❼愛能化解一切紛爭摩擦。

❽無言的純潔的天真，往往比說話更能打動人心。

❾如果你想受人尊敬，那麼首要的一點就是你得尊敬你自己。

❿只要願意付出關愛，你身旁的世界便會明亮起來。

⓫「我有很多花，」他說：「但孩子是所有花中最美麗的花。」

⓬地獄中最熱的角落，是為那些在危難時還袖手旁觀的人所設的。

⓭是的，目標照亮了她的生命，一直到生命盡頭，她變成其他人的亮光了。

⓮逝去的愛，如今已步上巔峰，在密密星辰間埋藏它的赧顏。

⓯總之，最為重要的是——記住愛，而不是一個人的名字。

⓰你應該留一些時間給你的同事——哪怕為一件小事，為他人做一點事——做一些對你自己沒有什麼價值但對他人有特殊意義的事。

⑰在這世上，我是獨一無二的個體。

⑱不論衝突糾紛多麼嚴重，我一直記著摒棄前嫌，化解宿怨，見兔顧犬、亡羊補牢，為時都不算晚。

⑲不只因為我覺得孤獨——我確實孤獨。

⑳在敵人攻擊時用上帝的每一片盔甲去抵擋，事過之後你將會站起來。

13

少有人走的路：心智成熟的旅程

《少有人走的路：心智成熟的旅程》是美國心理醫師斯科特．派克的一本心理學著作。這本書的內容通俗易懂，僅僅是一些平凡的語言和一些生活中的瑣事，本書就是通過這樣的方式，給讀者講述了一個又一個的心理學道理。在其中我們似乎能找到自己的影子，生活中的另一個自己。

13

少有人走的路：心智成熟的旅程

斯科特．派克

繪製人生地圖的艱難，不在於我們需要從頭開始，而是唯有不斷修訂，才能使地圖內容翔實和準確。世界不斷變化：冰山來了，冰山繼而消退；文化出現，文化隨即消失；技術有限，技術又似乎無限……我們觀察世界的角度，也處於更新和調整中。

作品簡介

或許在我們這一代，沒有任何一本書能像《少有人走的路：心程成熟的旅程》這樣，給我們的心靈和精神帶來如此巨大的衝擊。僅在北美，其銷售量就超過了七百萬冊，被翻譯成多種語言；在《紐約時報》暢銷書榜單上，它停駐了近二十年的時間。這是出版史上的一大奇蹟。

毫無疑問，本書創造了空前的銷售記錄，而且，至今長盛不衰。

這本書處處透露出溝通與理解的意味，它跨越時代限制，幫助我們探索愛的本質，引導我們過上嶄新、寧靜而豐富的生活；它幫助我們學習愛，也學習獨立；它教誨我們成爲更稱職的、更有理解心的父母。歸根結底，它告訴我們怎樣找到真正的自我。

正如開篇所言：人生苦難重重。斯科特・派克讓我們更加清楚：人生是一場艱辛之旅，心智成熟的旅程相當漫長。但是，他沒有讓我們感到恐懼，相反，他帶領我們去經歷一系列艱難乃至痛苦的轉變，最終達到自我認知的更高境界。

篇目選摘

這是個偉大的真理，是世界上最偉大的真理之一。它的偉大在於我們一旦想通了它，就能實現人生的超越。只要我們知道人生是艱難的——只要我們真正理解並接受這一點，那麼我們就再也不會對人生的苦難耿耿於懷了。

然而，大部分人卻不願正視它。在他們看來，似乎人生本該既舒適又順利。他們不是怨天尤人，就是抱怨自己生而不幸，他們總是哀歎無數麻煩、壓力、困難與其爲伴，他們認爲自己是世界上最不幸的人，命運偏偏讓他們自己、他們的家人、他們的部落、他們的社會階級、他們的國家和民族乃至他們的人種吃苦受罪，而別的人卻安然無恙，活得自由而又幸福——我熟悉類似的抱怨和詛咒，因爲我也曾有過同樣的感受。

人生是一連串的難題，面對它，你是哭哭啼啼，還是勇敢奮起？你是束手無策地哀歎，還是積極地想方設法解決問題，並慷慨地將方法傳給後人呢？

解決人生問題的首要方案，乃是自律，缺少了這一環，你不可能解決任何麻煩和困難。局部的自律只能解決局部的問題，完整的自律才能解決所有的問題。

生活中遇到問題，這本身就是一種痛苦，解決它們，就會帶來新的痛苦。各種問題結隊而來，使我們疲於奔命，不斷經受沮喪、悲哀、難過、寂寞、內疚、懊喪、惱怒、恐懼、焦慮、痛苦和絕望的打擊，從而不知道自由和舒適爲何物。心靈之痛，通常和肉體之痛一樣劇烈，甚至更加難以承受。正是由於人生的矛盾和衝突帶來的痛苦如此強烈，我們才把它們稱爲問題；正是因爲各種問題接踵而來，我們才覺得人生苦難重重，悲喜參半。

人生是一個面對問題並解決問題的過程。問題能啓發我們的智慧，激發我們的勇氣；問題是我們成功與失敗的分水嶺。爲解決問題而付出努力，能使思想和心智不斷成熟。學校爲孩子們設計各種問題，促使他們動腦筋、想辦法。恐怕也是基於這樣的考慮。我們的心靈渴望成長，渴望迎接成功而不是遭受失敗，所以它會釋放出最大的潛力，盡可能將所有問題解決。面對問題和解決問題的痛苦，能讓我們得到最好的學習。美國開國先哲班傑明・富蘭克林說過：「唯有痛苦才會帶來教益。」面對問題，聰明者不因害怕痛苦而選擇逃避，而是迎上前去，直至將其戰勝爲止。

遺憾的是，大多數人似乎不是聰明者。在某種程度上，人人都害怕承受痛苦，遇到問題就慌不擇路，望風而逃。有的人不斷拖延時間，等待問題自行消失；有的人對問題視而不見，或儘量忘記它們的存在；有的人與麻醉藥和毒品爲伴，想把問題排除在意識之外，換得片刻解脫。我們總是規避問題。而不是與問題正面搏擊；我們只想遠離問題，卻不想經受解決問題帶來的痛苦。

規避問題和逃避痛苦的趨向，是人類心理疾病的根源。人人都有逃避問題的傾向。因此大多數人的心理健康都存在缺陷，真正的健康者寥寥無幾。有的逃避問題者，寧可躲藏在頭腦營造的虛幻世界裡，甚至完全與現實脫節，這無異於作繭自縛。心理學大師榮格更是明確地指出：「神經官能症，是人生痛苦常見的替代品。」

替代品帶來的痛苦，甚至比逃避的痛苦更爲強烈。神經官能症由此成了更棘手的問題。不少人爲逃避新的問題和痛苦，不斷以神經官能症爲替代品，導致患上各種心理疾病。所幸也有人能坦然面對神經官能症，及時尋求心理醫生幫助。以正確的心態面對人生正常的痛苦。事實上。如果不顧一切地逃避問題和痛苦，就會由此失去以解決問題推動心靈成長的契機，導致心理疾病越來越嚴重，而長期的、慢性的心理疾病，就會使人的心靈停止生長。不及時治療，心靈就會萎縮和退化，心智就永遠難以成熟。

正確的做法是：我們要讓我們自己，也要讓我們的孩子認識到，人生的問題和痛苦具有非凡的價值。勇於承擔責任，敢於面對困難，才能夠使心靈變得健康。自律，是解決人生問題的首要工具，也是消除人生痛苦的重要手段。通過自律，我們就知道在面對問題時，如何以堅毅、果敢的態度，從學習與成長中獲得益處。我們教育自己和孩子自律，也是在教育我們雙方如何忍受痛苦，獲得成長。

自律究竟包括哪些技巧呢？如何通過自律，消除人生的痛苦呢？簡單地說，所謂自律，就是以積極主動的態度，去解決人生痛苦的重要原則，主要包括四個方面：推遲滿足感、承擔責任、尊重事實、保持平衡。它們並不複雜，不過要想正確地運用它們，你需要細心體會，廣泛實踐。它們其實相當簡單。即便是十歲的小孩，也能夠最終掌握。不過有時候，即使貴為一國之君，也會因忽略和漠視它們而遭到報復，自取滅亡。實現這些原則，關鍵在於你的態度，你要敢於面對痛苦而非逃避。對於時刻想著逃避痛苦的人，這些原則不會起到任何作用，他們也絕不會從自律中獲益。接下來，我要對這幾種原則深入闡述，然後再探討它們背後的原動力——愛。

——摘自《少有人走的路：心智成熟的旅程》「自律——問題和痛苦」

不久前，一位三十歲的財務分析師請求我的幫助。她想糾正在最近幾個月裡，總是拖延工作的惡習。我們探討了她對老闆的看法，老闆對她的態度；她對權威的認識以及她的父母的情況。我們也談到她對工作與成就的觀念；這些觀念對其婚姻觀、性別觀的影響；她同丈夫和同事競爭的願望，以及競爭帶給她的恐懼感。儘管一再努力，但這種常規心理分析和治療，並未觸及問題的癥結。終於有一天，我們進入久被忽略的一個領域，才使治療出現了轉機。

「你喜歡吃蛋糕嗎？」我問。

她回答說喜歡。

「你更喜歡吃蛋糕，」我接著問，「還是蛋糕上塗抹的奶油？」

她興奮地說：「啊，當然是奶油啦！」

「那麼，你通常是怎麼吃蛋糕的呢？」我接著又問。

我也許是有史以來最愚蠢的心理醫生了。

她不假思索地說：「那還用說嗎，我通常先吃完奶油，然後才吃蛋糕的。」

就這樣，我們從吃蛋糕的習慣出發，重新討論她對待工作的態度。正如我預料的，在上班第一個鐘頭，她總是把容易和喜歡做的工作先完成，而在剩下六個鐘頭裡，她就儘量規避棘手的差事。我建議她從現在開始，在上班第一個鐘頭，要先去解決那些麻煩的差事，在剩下的時間裡，其他工作會變得相對輕鬆。考慮到她學的是財務管理，我就這樣解釋其中的道理：按一天工作七個鐘頭計算，一個鐘頭的痛苦，加上六個鐘頭的幸福，顯然要比一個鐘頭的幸福，加上六個鐘頭的痛苦划算。她完全同意這樣的計算方法，而且堅決照此執行，不久就徹底克服了拖延工作的壞毛病。

推遲滿足感，意味著不貪圖暫時的安逸，重新設置人生快樂與痛苦的次序：首先，面對問題並感受痛苦；然後，解決問題並享受更大的快樂，這是唯一可行的生活方式。

其實，我們早在小時候（通常從五歲開始），就可以學會自律的原則，避免只圖眼前安逸帶來的不利。例如在幼稚園裡，有的遊戲需要孩子們輪流參與，如果一個五歲的男孩多些耐心，暫且讓同伴先玩遊戲，而自己等到最後，就可以享受到更多的樂趣，他可以在無人催促的情況下，玩到盡興方休。對於六歲的孩子而言，吃蛋糕時不把奶油一口氣吃完，或者先吃蛋糕，後吃奶油，就可以享受到更甜美的滋味。小學的孩子正確對待家庭作業，是實踐「推遲滿足感」的最佳手段。孩子滿十二歲時，無須父母催促，首先做完功課，再去看電視。到了十五六歲以後，他們的實踐更可以得心應手。到了青春期，他們處理類似問題，應該形成一種習慣或常態。

根據教育工作者的經驗，不少青春期的少年，缺少這種健康的常態。許多孩子懂得推遲滿足感的好處，但有的孩子顯然缺乏能力和經驗。有的孩子長到十五六歲，仍舊缺乏「先吃苦，後享受」的意識，而是恰好將次序顛倒過來，他們很容易成爲「問題學生」。他們的智商與別人相比毫不遜色，但不少人不肯用功學習，導致成績遠遠落在別人後面。他們說話和做事，全憑一時衝動。只要心血來潮，他們動輒曠課或翹課。他們不願思考，缺乏耐心，這很容易危及他們的社會生活：喜歡打架，與毒品爲伴，故意與警方爲難並發生衝突，此類情形司空見慣。「先享受，後付費」，成爲他們的座右銘。他們最需要心理治療，卻往往爲時已晚。意氣用事的青少年，通常不喜歡被人干涉，即便心理治療師能以客觀、公正、親切的姿態，慢慢化解他們的敵意，他們也難以積極配合整個治療過程。他們的主觀衝動過於強烈，經常逃避定期的治療。心理醫生的一切努力，常常以失敗告終，最終這些孩子離開學校，浪跡社會。他們的成年生活也極爲糟糕——婚姻不幸，精神恍惚、神不守舍，容易遭受意外事故，而精神病院或者監獄可能成爲他們最終的歸宿。

——摘自《少有人走的路：心智成熟的旅程》「推遲滿足感」

爲什麼會出現這樣的情形？爲什麼大部分人擁有足夠的自制力，能避免貪圖一時安逸的惡果，卻有相當數量的人不懂得推遲滿足感，最終成爲失敗者？其中的原因，目前醫學界尚無定論，僅有的答案也缺乏足夠的依據，基因的作用並不明顯，其他因素也有待科學論證，但大部分跡象表明。在這方面，家庭教育起著相當大的作用。

缺少自律的孩子，未必是因爲父母管教不嚴。不少孩子甚至經常遭受嚴厲的體罰，即便小有過錯，父母也會劈頭蓋臉地打過去：掌摑、腳踢、鞭打、拳擊，可謂花樣翻新。這種教育，不僅收效甚微，甚至反而使局面惡化。

父母本身難以自律，就不可能成爲孩子的榜樣。父母常常告誡孩子：「照我的話去做，不過別去學我。」他們酗酒無度，或在孩子面前惡語相向，甚至大打出手。他們缺乏起碼的自制力，缺少長輩的尊嚴和理性；他們邋遢、一塌糊塗，甚至偷懶耍滑、背信棄義。他們的生活毫無章法，卻強迫孩子有條不紊地生活。可想而知，假如父親動輒毆打孩子的母親，那麼母親因兒子欺負妹妹而對其施以體罰，又有多少意義呢？如何又能指望兒子聽她的話，控制好情緒呢？在年幼的孩子心中，父母就像上帝那樣位高權重。孩子缺乏其他模仿的對象，自然把父母處理問題的辦法全盤接受下來，並視爲金科玉律。父母懂得自律、自制和自尊，生活井然有序，孩子就會心領神會，並奉之爲最高準則。父母的生活混亂不堪、任意妄爲，孩子們同樣照單全收，並視爲不二法門。

父母的愛心至關重要，即便家庭生活混亂，倘若有愛存在，照樣可以培養出懂得自律的孩子。父母身為醫生、律師、企業經理、慈善家，即便在職業上得心應手，生活方式也相當嚴謹，倘若缺少愛和溫情，他們培養的子女，就和成長在貧寒、混亂家庭的孩子一樣，照樣不懂得自律，照樣隨心所欲、無法無天。

愛，關乎心靈的健康成長。在本書後面部分，我將就此深入探討。愛，是身心健康必不可少的元素，所以有必要瞭解愛的實質，以及愛同自律的關係。

我們愛某樣東西，就會樂於為它付出時間。譬如，某個青年終於擁有心儀已久的汽車。你就會發現，他把多少時間用在汽車上面：洗車、修車、給汽車美容、不停地欣賞它、整理汽車內室……你也可以觀察，一個上了年紀的老人，如何照料他的花園：澆水、施肥、修剪、除蟲、嫁接、移植……對子女的愛也同樣如此。我們可以花更多的時間去照顧他們、陪伴他們。

讓孩子學會自律，也需要時間。不把精力用在孩子身上、與孩子相處的時間少得可憐，就無法深入瞭解其需要，就不知道他們在自律方面，還需要哪些條件。遺憾的是，即便孩子明顯需要紀律訓練的時候，我們可能照樣無知無覺，甚至不管不顧。「我沒精力管你們，你們想怎麼樣，就怎麼樣吧！」最後，到了危急時刻，孩子的錯誤導致我們惱怒，我們就會把滿腔怨氣發洩出來。我們根本不願去調查問題的本質，也不考慮哪種教育模式最適合。父母習慣用嚴厲的體罰教訓孩子，本質上不是教育，而是發洩怨氣和不滿。

聰明的父母絕不會這樣做。他們願意花時間瞭解孩子，對症下藥地教育孩子。哪怕孩子犯了大錯，他們也恰當運用敦促、鼓勵、表揚，或必要的警告和責備。他們靈活調整孩子的發展方向，認真觀察孩子的言行舉止：吃蛋糕、做功課、撒謊、欺騙、逃避任務……他們也會傾聽孩子的心裡話，在對孩子的管教上，他們掌握分寸，張弛有度。他們給孩子講有意義的故事，適時親吻、擁抱、愛撫他們，及時糾正孩子的問題。

毋庸置疑，父母的愛，決定了家庭教育品質的優劣。充滿愛的教育帶來幸運；缺乏愛的教育只能導致不幸。富有愛心的父母，善於審視孩子的需要，做出理性、客觀的判斷。他們也可能在面臨痛苦抉擇時，與孩子一道經受痛苦和折磨。孩子也當然會逐漸意識到，父母甘心陪著忍受苦楚的一片苦心。他們未必立刻流露感激之情，卻可以領悟到痛苦的內涵和真諦，他們提醒自己：「既然爸爸媽媽願意陪著我忍受痛苦，痛苦就不見得那麼可怕，而且未必是太壞的事。我也應該承擔責任，面對屬於自己的痛苦。」——這就是自律的起點。

父母付出的努力越大，孩子感受到的重視程度，就越是強烈。有的父母爲掩飾在家庭教育上的失敗。就會不停地告訴孩子，說自己是多麼愛他們，多麼重視他們，云云，但真相無法逃過孩子的眼睛。孩子不會被謊言和欺騙長期蒙蔽。他們渴望得到父母的愛，但父母一再出爾反爾，只會讓他們漸失信心。即便他們表面不會牢騷不斷，或大發雷霆，可父母的教導和許諾，近乎一錢不值。更爲糟糕的是，他們會情不自禁地模仿父母。拷貝父母的處世方式，將它視爲人生的標準和榜樣。

那些沐浴著父母的愛的孩子，心靈可以健全發展。他們也可能因父母一時的忽視表示不滿，然而他們對父母的愛感激不盡。父母的珍視讓他們懂得珍惜自己，懂得選擇進步而不是落後，懂得追求幸福而不是自暴自棄。他們將自尊自愛作爲人生起點，這有著比黃金還要寶貴的價值。

「我是個有價值的人」，有了這樣寶貴的認知，便構成了健全心理的基本前提，也是自律的根基。它直接來源於父母的愛。「天生我材必有用」，這種自信須從幼年培養，不然成年後再作補救，往往事倍功半。孩子幼年起就享受到父母的愛，成年後即便遭遇天大的挫折，幼年培養的強大自信，也會使其鼓足勇氣，勇敢地戰勝困難，而不致自暴自棄。

自尊自愛的感覺，是自律的基礎。自律的核心，就是學習自我照顧，承認自我價值的重要性，並採取一切措施照顧自己，這是走向自立的關鍵。假如懂得自我珍惜，我們就會合理安排時間。那個拖延工作的財務分析師的問題，就在於她一度忽略和漠視時間的價值，因此鬱鬱寡歡，無謂地虛度光陰。

童年時，她曾有過不幸的遭遇：親生父母有能力照顧她，可是每逢學校放假，他們都會拿出錢，把她送到養父母家中，她從小就體驗到寄人籬下的感覺。孩子覺得父母不重視她，也不願意照顧她，她從小就覺得低人一等。她長大以後雖聰明能幹，自我評價卻低得可憐。所以，她不得不從最基本的自律做起。意識到時間有多麼重要，她終於重新設定時間表，讓每一分、每一秒都得到充分利用。

孩子童年時能得到父母的愛和照顧，長大後內心就會擁有安全感。所有的孩子都害怕被遺棄。孩子到了六個月大，就會意識到自己與父母彼此分離，這使他們感覺無助。他們知道，依靠父母提供物質資料，才能獲得生存，遭到遺棄就無異於死亡，所以害怕任何形式的遺棄。

父母對此都有敏銳的直覺，他們向孩子做出保證：「我們是愛你的，永遠不會丟棄你不管。」「爸爸媽媽當然會回來看你，我們會永遠陪伴在你的身邊。」「我們是不會忘記你的。」父母做出保證並以切實行動配合。孩子到了青春期、青年時期，潛在的恐懼就會消失，就不會只貪圖一時的安逸，甘願以某種方式推遲暫時的滿足感。他們知道，只要耐心等待，他們的需求最終都會實現，就像家庭和父母做出的保證一樣。

很多孩子沒有這種運氣，從幼年起就遭受父母的遺棄、忽略、毆打乃至死亡的威脅，或者就像那個財務分析師，一向缺少父母的疼愛和關心。即便沒有類似不幸，也會因爲沒有父母的愛的保證，生活在恐懼的陰影中。

有些父母貪圖省事，想讓家庭教育更快生效，動用威嚇性的「遺棄」手段告誡孩子：「照我的話做，不然我絕不會愛你。你可以想像，你會落得什麼下場！」——那當然意味著拋棄和死亡。

父母把愛心丟到一邊，取而代之的，是缺乏人性的專制，這使得孩子對未來充滿恐懼。他們覺得世界不安全，甚至把世界看成是地獄，這種感覺會一直帶到成年時期。他們不願推遲滿足感和安全感，更想選擇當即透支快樂和滿足。他們覺得未來遙遠而渺茫，讓他們缺乏起碼的信賴感，哪怕未來要比現在好過許多倍，他們也寧可選擇得過且過。

要讓孩子養成推遲滿足感的習慣，就必須讓他們學會自律；要讓他們養成自律意識，對安全感產生信任，父母必須以身作則。這些心靈的財富，來自父母表裡如一的愛，來自父母持之以恆的照顧，這是父母送給子女最好的禮物。假如這些禮物無法從父母那裡獲得，孩子也有可能從其他管道得到，不過獲得禮物的過程，必然是一場更爲艱辛的奮鬥，通常要經過一生的鏖戰，而且常常以失敗告終。

——摘自《少有人走的路：心智成熟的旅程》「父母的過錯」

人生啟示

《少有人走的路：心智成熟的旅程》是美國心理醫師斯科特．派克的一本心理學著作。這本書的內容通俗易懂，僅僅是一些平凡的語言和一些生活中的瑣事，本書就是通過這樣的方式，給讀者講述了一個又一個的心理學道理。在其中我們似乎能找到自己的影子，生活中的另一個自己。

開篇書中就寫到「人生苦難重重」，我們的人生是在一次又一次的超越中成長起來的，當我們瞭解了人生的苦難時，或許我們能體會到更多的幸福與快樂。書的第一部分講到了自律，人生面對的是一個又一個的問題，我們需要認識到人生的問題和痛苦具有非凡的價值。自律可以解決人生的各種問題，是消除人生痛苦的重要手段，所謂自律就是以積極而主動的態度，去解決人生痛苦的重要原則。自律主要包括四個方面：推遲滿足感、承擔責任、尊重事實、保持平衡。

在第一章中我們瞭解到自律是人類心靈進化的重要手段，而在第二章中我們就可以發現「愛」是自律的原動力。在現實生活中愛是一種極爲神秘的現象，愛能夠達到自我完善的作用，也能幫助他人完善，愛不能停留在口頭上，而是要付諸行動中。

愛有一個最重要的特徵，愛與被愛者雙方都不是對方的附屬品。付出真愛的人應該把愛的對象視爲獨立的個體，尊重對方的獨立和成長。在書中派克講到了自己童年的故事，父母在他很小的時候就爲他規劃好了人生的道路，上了最好的學校，可是派克後來厭倦了這種生活，勇敢地放棄了父母爲他安排的輝煌前程，毅然選擇了自己的人生道路，最終當上了一名心理醫生。

我們不難看出，父母的愛過於壓抑了他的自身發展，這種過分的愛被稱爲依賴，它與真正的愛有著相反的作用，只有真正的愛才會成爲自律的原動力，指引我們走向心智成熟的道路。

第三部分講到了成長與宗教，我們對於人生都有不同的定義，不同的人生觀和世界觀。人人都有自己的宗教，雖然我們常常沒有意識到，但這是確鑿無疑的事實。

這裡所講的宗教，在我看來更多是一個人的人生追求和信仰，很多人不知道自己的信仰是什麼，只是他們沒有瞭解自己內心深處，**如果一個人沒有自己的人生追求，那麼他將生活在一個黑暗的世界裡。**

大多數人無法體驗到自己的潛意識思維，以及對世界的真正看法和整體的觀念。從人的一生看來，這些都是在隨著時間的推移而不斷改變的，有時我們需要改變一下人生的地圖和構造，建立與現實相適應的宗教與世界觀，我們必須不斷學習以增進我們對世界的認識，這就必須建立在科學的基礎上。當然我們也應該看到童年時期父母對子女的影響，父母信仰宗教就強迫子女也要一樣，這樣一來，會導致兩種極端的出現，子女長大後要麼順從父母的宗教理念，要麼甚至開始仇恨父母的宗教。而那些看似沒有宗教信仰，甚至閉口否認這些事實，可在自己的潛意識裡卻有自己的宗教信仰，因爲每個人都有自己的信仰。我們只能說，在人生道路上每個人選擇了不同的道路，但不能說自己沒有信仰。

當你坦然面對自身的問題而且每時每刻都在不斷改善自己的時候，你就離「神」越來越近，甚至，你可能會發現，自己可能已經達到了「神」的境界的。

在第四部分裡，講述了一種不爲人知的神奇力量。生活中總有許許多多的事情發生，有些是我們頭腦裡一閃而過的念頭，有時候卻對事情本身有著重大的變化。這種神奇的力量存在於我們的身邊，在關鍵時刻給予我們幫助。我們在生活中能注意到這一神奇的力量，或許自己會把它歸於運氣好之類的。神奇的力量帶給我們的不僅如此，如果用心去發現生活中的小細節，你就會發現他的存在。正如《哈佛家訓》中威廉所說：「如果你失去了太陽，你還有機會看見月亮；如果你失去了月亮，你更容易看見滿天繁星；如果星星也沒有，你可以享受寧靜的夜空。……失去了預料的美好，我們會得到意外的驚喜！」

《少有人走的路：心智成熟的旅程》告訴我們人生是一場艱辛之旅，心智成熟的旅程需要相當漫長的時間和歲月，但是這並不是一件很恐懼的事情，恰恰相反，它帶領我們去經歷一系列艱難的轉變，最終達到自我認知的更高境界。我想這條少有人走的路，會有更多的人去走。

作者簡介

斯科特·派克，美國著名作家、醫學博士、心理治療大師。

派克一九三六年出生於美國紐約市，一九五八年在哈佛大學拿到了學士學位，一九六三年在美國凱斯西儲大學醫學院獲得了博士學位，一九六三年至一九七二年在軍中服役。一九九四年，他獲得了坦普爾國際和平獎；一九九六年派克還獲得了美國喬治頓大學頒發的知識、信仰和自由獎章。斯科特·派克因患癌症於二〇〇五年九月廿五日在美國康涅狄格州的家中逝世，享年六十九歲。

斯科特·派克是我們這個時代最傑出的心理醫生，他的傑出不僅在其智慧，更在於他的真誠和勇氣。兒童時，他就以「童言無忌」遠近聞名；少年時，他又勇敢地放棄了父母為他安排的輝煌前程，毅然選擇了自己的人生道路，最終當上了一名心理醫生。他曾在美軍日本沖繩基地擔任心理醫生。在近二十年的職業生涯中，他治癒了成千上萬個病人，他以從業經驗為基礎寫作的《少有人走的路：心智成熟的旅程》，出版後雖未作任何宣傳，但經人們口耳相傳，迅速暢銷起來，並被翻譯成二十三種以上的語言，它曾在美國最著名的《紐約時報》暢銷書排行榜上連續上榜近二十年，創造了出版史上的一大奇蹟。

勵志名言

❶人生苦難重重。這是個偉大的真理，是世界上最偉大的真理之一。

❷解決人生問題的首要方案，乃是自律。

❸有的人不斷拖延時間，等待問題自行消失；有的人對問題視而不見，或儘量忘記它們的存在；有的人與麻醉藥和毒品為伴，想把問題排除在意識之外，換得片刻解脫。

❹尊重事實，是自律的第三種原則。尊重事實，意味著如實看待現實，杜絕虛假，因為虛假與事實完全對立。

❺自律的核心，就是學習自我照顧，承認自我價值的重要性，並採取一切措施照顧自己，這是走向自律的關鍵。

❻和那些缺乏耐心、想讓問題馬上解決的態度相比，另一種解決問題的態度更

低級，也更有破壞性，那就是希望問題自行消失。

❼埃爾德里奇・克里佛（美國黑人作家）說過：「你不能解決問題，你就會成為問題。」

❽我的定義是：把產生於童年時期，並似乎一直適用的對於現實的觀念和反應（它們通常具有特殊的意義，甚至具有挽救生命的重要性），不恰當地轉移到成年人的世界裡，這就是心理學上的「移情」。

❾故步自封，逃避挑戰，可說是人性的基本特徵之一。

❿接受挑戰，才可以帶來真正的安慰；心靈接受長期的、甚至經常碰壁的自律，才可能使治療成功——這不是一件容易的事。

⓫人們不僅對別人撒謊，也會對自己撒謊。

⓬真正的愛，能夠使人發生改變，在本質上是一種自我擴充，而非純粹的自我犧牲。真正的愛，能使自我更為完善。愛，在某種意義上是自私的，最終的追求則是自我完善。當然，自私與否，不是判定愛的標準，唯一的判斷標準是：愛——永遠追求心智的成熟，除此以外，都不是真正的愛。

⓭愛最重要的體現形式，就是關注。我們愛某個人，一定會關注對方，進而幫助對方成長。

⓮真正的傾聽，意味著把注意力放在他人身上，它是愛的具體表現形式。

⓯我們長期以來的想法和感受，有一天將會被某個陌生人一語道破。

⓰解決人生問題的首要方案，乃是自律，缺少了這一環，你不可能解決任何麻煩和苦難。

⓱為使人生規範、高效、務實，必須學會推遲滿足感，要把眼光放遠。

⓲人生各個階段，會出現各種各樣的危機，只有放棄過去過失的觀念和習慣，才能順利進入人生的下一階段。

⓳人生的唯一安全感，來自於充分體驗人生的不安全感。

14

秘密

《秘密》屬心靈勵志書。作者在經歷了父親身故、工作瓶頸、家庭關係僵化的人生低潮時，意外發現了藏在百年古書中的秘密。於是，她決心組織一個團隊披露這個只有少數人才知道的秘密，與人們分享獲得健康、財富和幸福的秘訣，開發人們潛在的能量。

14 秘密

朗達．拜恩

「給予」是把更多金錢帶進你生命裡的強效方法，因為在給予的時候，你等於是在說：「我有很多。」所以，當你知道這世界上最有錢的人都是最偉大的慈善家時，你不會感到驚訝。他們捐出龐大的錢財。當他們給予時，依據吸引力法則，宇宙會開始行動，讓乘以數倍的巨額財富回頭湧向他們。

作品簡介

在你手上的，有一個最大的秘密……

這個秘密沉睡了許多年，一些最偉大科學家、思想家、企業家都因運用這個秘密而獲得了健康、快樂、成功和聲譽。當你開始運用它時，會驚訝它給你的人生帶來喜悅的轉變。

《秘密》這本集成功學、財富學、心理學等的著作中，作者揭露了運行在宇宙間主宰人生的強有力的黃金法則，清晰明瞭地解析了如何運用這個法則，創造美滿幸福的生活。這是有關一切的秘密，這個秘密將給你想要的幸福、快樂、健康和愛情。

《秘密》是一本註定屬於偉大的心靈勵志書。《秘密》作者朗達·拜恩是澳大利亞電視工作者，有一年，父親突然去世、工作遭遇瓶頸、家庭關係也陷入僵局，就在人生跌至谷底、生活即將崩潰時，意外發現了隱藏在百年古書中的秘密。幾個世紀以來，這個秘密零星地存在於各種口述的歷史、文學、宗教與哲學之中，更藏在人與世界的各個互動層面，**每個人自身都存在著自己所不知道的能量**。作者還發現，許多當今的佼佼者早已瞭解並運用此秘密。因此，作者不禁疑問：「爲什麼不是每個人都知道呢？」於是，作者決心組織一個團隊披露這個只有少數人才知道的秘密。她發現，洞悉這個秘密的人，都是各行各業的佼佼者。瞭解這個秘密，你可能做到你想做的事。

在這個變化無常的大千世界裡，我們終於找到了心靈的棲息之地。

篇目選摘

讓我們來看看那些覺得自己體重過重、想要減重的人，如何使用這個創造的過程。

首先要知道的是，如果你專注在「減重」上，你就會吸引「必須減更多體重」的想法來；所以要把「必須減重」的想法從你的心中排除，它正是節食失敗的原因。由於你是專注在減重上，所以你一定會繼續吸引「必須減重」的結果。

第二件該知道的事是，體重過重的情況，是你對它的思想造成的。用最簡單的話來說，如果某人體重過重，那是起因於他想著「肥胖的思想」——不論那人自己有沒有察覺到。一個人不可能想著「瘦的思想」，而同時又是胖的；那完全抵觸了吸引力法則。

不論有人說他們是甲狀腺功能或新陳代謝緩慢、還是說身材是遺傳的問題，這些都只是在掩飾「肥胖的思想」。如果你接受以上任何一種情況適用於你，並且還相信了它，它一定會成為你的經驗，你會繼續引來「體重過重」的情況。

生了兩個女兒之後，我的體重超重。我現在知道，這是因為我去聽、去讀了這些資訊——「生了小孩之後，是很難減重的；特別是生了第二胎，那會更難」。我過去就是用這些「肥胖的思想」去召喚它，它也就如實地成為我的經驗。我真的「爆肥」了；而且我越是注意自己「爆肥」得多嚴重，就越引來更嚴重的「爆肥」。我這麼嬌小的個頭，竟有一百四十三磅重，這都是過去我一直有「肥胖的思想」所導致。

人們所普遍抱持的想法是——我過去也這麼想——食物是我體重增加的罪魁禍首。這是對你毫無用處的信念，現在對我來說，簡直就是胡說八道！不是食物增加了體重，是你那認爲「食物會增加體重」的思想，才使食物真的增加了你的體重。要記住，思想才是所有事物的主要原因，其他的只是這些思想的結果。想著完美的思想，其結果必然是擁有完美的體重。

放下一切受限的思想。食物是無法增加你的重量的，除非你認爲它可以。

「完美體重」的定義是，讓你感覺很好的那個體重；別人的意見都不算，只有自己感覺很好的才是。

你大概也認識一些人，他們像匹馬一樣會吃，但又瘦瘦的。他們很驕傲地宣稱：「我要吃什麼就吃什麼，我一直都有完美的體重。」於是宇宙的巨人就說了：「您的願望，就是我的命令！」

要運用創造的過程吸引完美的體重和身材，就遵循這些步驟：

步驟1：要求

理清自己想要的體重。想像等你有完美的體重時，看起來會是什麼樣子。如果自己有體重完美時拍的照片，就時常拿來看。如果沒有，就找些符合你心目中理想身材的照片，時常看著這些照片。

步驟2：相信

你必須相信你會接收到、並且相信自己已經擁有完美的體重。你必須想像、佯裝、假裝那完美的體重已經是你的。你必須認爲自己接收到那完美的體重。

把你的完美體重寫下來，放在體重秤的讀數上頭；或者，都不要去測量自己的體重。你的所思、所言和所行，都不要與你所要求的相違抗。不要買你目前體重穿的衣服。要有信心，並且專注在你未來想要買的服裝上。吸引完美體重，和從宇宙的目錄中下訂單是一樣的。看著目錄，點選你要的完美體重，下訂單，然後它就會送到你手上。

讓它成爲你所尋求和欣羨的目標，並在內心讚賞那些擁有你心目中完美體重身材的人。把他們找出來，當你在欣賞、感受那種感覺的同時，你就是在召喚這種感覺。如果你看見體重過重的人，不要去注意他們；立刻將你的心，轉移到你心目中完美身材的畫面上，並且去感覺它。

步驟3：接收

你必須感覺很好。你必須對自己感覺很好。這很重要；因爲如果你對自己現在的身材感覺很糟，你是無法吸引完美體重的。如果對你的身材感覺不好——這可是個有力的感覺——你就會繼續吸引對身材感覺不好的感覺。如果你挑剔自己身材、找它的缺點，你將永遠無法改變你的身材；事實上，你會爲自己吸引更多體重。

讚美並且感激你的每一寸肌膚，想想所有你完美的地方。當你想著完美的思想，對你自己感到滿意，你就在完美體重的頻率上召喚著完美。

華勒思・華特斯（Wallace Wattles）在他一本書中，分享了飲食上一個很棒的訣竅。他建議當你吃東西時，確知你是全神貫注在咀嚼食物的體驗上。讓心保持在當下，並且去體驗吃東西的感覺，不要讓心又漂移到別的事物上。感受身體當下的感覺、享受口中咀嚼和咽下食物的一切感覺，下次吃東西的時候試試看。當你完全沉浸於吃東西的當下，食物的滋味會非常強烈而美好；如果你讓你的心飄走，大部分的滋味也就消失了。我相信，如果我們能享用當下的食物，把整個焦點都放在吃東西的愉快體驗上，食物會在身體內完美地消化，對我們身體產生的結果也一定是完美的。

關於我自己體重故事的結局是，我現在維持一百一十六磅的完美體重，而且可以想吃什麼就吃什麼。所以把焦點放在你的完美體重上吧！

——摘自《秘密》「秘密的運用」

現在你要如何開始扭轉人生呢？最首要的是，列出讓你感恩的事。這會轉變你的能量，並開始改變你的想法。在這之前，你可能把焦點放在你欠缺的事物、抱怨和難題上。做了這個練習之後，你將走上不同的方向，你會開始對每個讓你感覺美好的事物感恩。

「如果『感恩能讓你的整個心靈，更接近於宇宙創造能量和諧一致的狀態』，對你來說是個新的思想，那麼請好好地思考一下，你會明白那是真的。」

——華勒思．華特斯

瑪爾西．許莫芙

感恩絕對是讓你的生命更加豐富的方法。

約翰．葛瑞博士（心理學家、作家、國際級演說家）

每個男人都知道，當太太對他所做的小事表達感激時，他會做什麼？他會想爲太太做更多。一切都與感恩有關，感恩會把事物牽引進來、吸引支持的力量。

約翰．迪馬提尼醫師

只要是我們所想、所感恩的一切，我們就會把它帶來。

詹姆士・雷

對我來說，感恩一直都是非常有效的練習。每天早上起床我就說「謝謝您」；下床的時候也說「謝謝您」；當我刷牙、做著早上的事情時，也開始對一連串的事物表達感激。但我不光是想一想、當作刻板的例行公事而已，我會把它營造出來，去感受感恩的感覺。

我永遠忘不了我們拍攝詹姆士・雷分享他的「強效感恩練習」的那天。從那一天開始，我就把詹姆士的方法用在我的生活中。每天早上，除非我感受到了感恩的感覺——對這嶄新的一天，以及對生命中我所感激的一切——否則我不會起床。然後當我下床，一隻腳碰到地面的時候，我會說「謝謝」；換另一隻腳碰到地面時，則說「您」。走到盥洗室的每一步，我會說「謝謝您」；在我淋浴和整裝的時候，我持續地說著並去感覺「謝謝您」。當我準備好迎接這一天時，我已經說「謝謝您」上百次了。

當我這麼做，我就是在強而有力地創造我的一天和當中的事物。我是在設定這一天的頻率，並且有意地宣告這一天我所要的方式；而不是踉蹌地離開床，讓這一天掌控我。開始一天的生活，沒有比這更有力量的方法了。你是自己生命的創造者，所以，開始有意識地創造你的生活吧！

歷史上所有偉大人物的基本教誨之一，就是「感恩」。華勒思・華特斯在一九一〇年寫下那本改變我一生的書《致富的科學》（The Science of Getting Rich），該書最長的篇章，就是「感恩」那一章。所有在《秘密》裡擔任主角的導師，全都把「感恩」當作他們生活的一部分；他們大多數是以「感恩」的思想和感覺，作爲一天開始。

一位很傑出、成功的企業家喬・史格曼，在看過《秘密》影片之後與我聯繫。他告訴我，「感恩的方法」是影片中他最喜歡的部分；而且他一生的功成名就，全都歸功於運用感恩的方法，即使最小的事物也不例外。當他有車位可停，他總是會說出並且去感覺「謝謝您」。他知道感恩的力量與其所帶來的一切，於是感恩就成了他的生活方式。

所有我讀過的，以及所有我在生命中運用這個秘密的經驗，感恩的力量都勝過其他一切。如果在這秘密的知識當中，你只想做一件事，那麼就去「感恩」吧，直到它成爲你的生活方式爲止。

喬・維泰利博士

一旦你對自己已經擁有的事物有了不同的感覺，你就會開始吸引更多美好、讓你可感激的事物。你本來也許會看看那周遭，然後說：「我沒有我要的汽車、沒有我要的房子、沒有我要的配偶、沒有我要的健康。」噢！倒帶、倒帶！這些全都是你不想要的。把心思集中在你已擁有而且讓你感到感激的事物上。你感激的或許是擁有閱讀這些文字的眼睛或者是你的衣服。是的，你或許比較喜歡其他的東西，但如果你開始對現在擁有的一切感到感激，你也會很快得到其他東西。

「許多人以各種方式將自己的生活安排得很好，但仍活在貧窮之中，只因他們缺少了感恩。」

——華勒思．華特斯

如果無法感激目前所擁有的事物，你就不可能為你的生命帶來更多。原因何在？因為你沒有感激之情時，所發出的思想和感覺都是負面的。這些感覺都無法把你想要的帶給你，不論它們是嫉妒、憤恨、不滿或是「不夠」的感覺，它們都只會把你不想要的送回來給你。這些負面情緒阻斷了屬於你的好事的降臨。如果你想要一部新車，但卻對現有的車子沒有感激之情，那麼「缺乏感恩」將成爲你發出的主要頻率。

感激你現在所擁有的。當你開始想著生命中值得感恩的一切，你將會感到驚訝，能讓你感恩的事竟然多到數不完。你必須先起個頭，吸引力法則會接收到這些感恩的思想，並帶給你更多類似的事物。你將會被鎖定在感恩的頻率上，一切美好的事物都將屬於你。

「每日練習感恩，是財富降臨你身上的管道之一。」

——華勒思・華特斯

李・布勞爾（理財專家、作家、教師）

我想，每個人都會有不如意的時候，那時他們會說：「這樣是不對的！」或「事情真是糟透了！」有一次，我家裡發生了些事，我拾起一顆石頭坐下來，我把它放進口袋裡，然後對自己說：「今後每次觸摸到這顆石頭，我就要去想值得感恩的事。」現在每天早上起床，我就把這顆石頭從衣櫃裡拿出來，放進口袋裡，然後把所有值得我感恩的事情想一遍。到了晚上，我再把它從口袋裡拿出來。

關於這個想法，我有過一些很神奇的體驗。有位南非的朋友看見我口袋裡掉出一顆石子，他問：「那是什麼？」我解釋給他聽，於是他就開始稱呼它爲「感恩石」。兩週後，我收到他從南非寄來的一封電子郵件，他說：「我的兒子患了罕見疾病，是肝炎的一種，生命垂危。你可以寄給我三顆感恩石嗎？」這些石頭是我從街道上撿來的普通石頭，所以我說：「當然可以啊！」但是我得確認給他的石頭一定要非常特別才行，於是我跑到河邊，仔細挑選寄給他。

四五個月後，我收到了他的電子郵件。他說：「我的兒子好多了，他現在非常健康。」而且他說：「有件事我得告訴你，我們以每顆十美元的價格，賣出了上千顆感恩石，全數捐給慈善機構。非常感謝你。」

所以，抱持「感恩的態度」是非常重要的。

偉大的科學家愛因斯坦徹底改變了我們看待時間、空間和重力的方式。若從他貧困的出身背景來看，你會認爲他不可能達到這些成就。愛因斯坦對這秘密瞭解很多，他每天都要說「謝謝您」上百次。他感謝所有以前的科學家，因爲他們的貢獻，才能使他在研究上學習與達到更多成就，最後成爲世上最偉大的科學家之一。

感恩最有效的運用之一就是與創造的過程配合，使你所要的加速實現。如同包伯·普克特在創造過程的第一步「要求」中所說，從寫下你想要的作爲開始。「每個句子都這樣子開頭：我現在是多麼快樂和感激，所以……」

當你表達感謝，有如你已經得到你想要的事物一般，你就是在向宇宙發出強而有力的信號。那信號說，你已經擁有了它，因爲你現在就感覺到對它的感激。每天早上起床前，養成一個習慣，預先去感受對眼前偉大的一天的感恩之情，有如它已經是值得你感激的一天。

自從我發現這個秘密、並且構築出與世界分享這個知識的願景時，每天我都對這部能帶給世界快樂的《秘密》表達感謝。當時我完全不知道，要如何才能把這知識變成影片畫面，但我相信我們會吸引一條道路出來。我持續集中焦點、並堅守那個結果；我事先就感受到深深的感恩之情。當它成爲我的狀態時，閘門就打開了，所有不可思議的事情都湧入我們的生命。對《秘密》影片了不起的工作團隊、對我來說，我們深刻而由衷的感恩之情一直持續到今天。我們成了一個時時刻刻都能發出感恩共鳴的團隊，那也成了我們的生活方式。

——摘自《秘密》強效的方法：感恩喬．維泰利博士

人生啟示

《秘密》屬心靈勵志書。作者在經歷了父親身故、工作瓶頸、家庭關係僵化的人生低潮時，意外發現了藏在百年古書中的秘密。於是，她決心組織一個團隊披露這個只有少數人才知道的秘密，與人們分享獲得健康、財富和幸福的秘訣，開發人們潛在的能量。

從書上能讓我們學到很多有益的東西，比如如何控制自己的內心保持冷靜、積極樂觀等正面思想。相信命運是由自己的選擇決定的，成功必須要付出努力、行動、奮鬥，還要不怕失敗、戰勝挫折、堅持不懈，最後才能到達成功的彼岸，但必須從現實的基礎上作爲出發點。

《秘密》的作者，把「吸引力法則」加上「心靈快樂」的處世哲學，融入到個人創富的歷程。並且指出，如果能夠設想、假設自己已經十分富足，事情都朝好的方向拓展，心靈就會得到快樂的感受。**去要求、去相信，然後感謝自己已經得到的，會讓我們莫名地得到動力，宇宙會迅速回覆我們的要求，給我們「心想事成」的果實。**

作家畢淑敏對《秘密》中的法則也有同樣的看法，認爲它「事關心靈和幸福」，而且只要「瞭解並實踐它，心想事成將變成觸手可及的現實」。所以，《秘密》並不神秘，應該能爲普通大眾和艱苦卓絕的人們帶來信心和力量。此時，《秘密》在成功的道路上，能爲廣大讀者引領方向，引領未來。

閱讀《秘密》之後，感到人生最大的問題，往往是逃避，而不是問題本身。正如書中所講的：「**要改變你的狀況，首先必須改變你的想法**」，做到如此，成功離我們就不遠了。《秘密》的重大價值就在於總結、概括、闡明了那些經驗和規律對人生的某種作用，以可信的例子說服人們重視它們。

每個人只要堅信自己鎖定自己想要看的內容，摒棄那些不利的思想，堅信成功、堅信可能、堅信未來、那麼這個宇宙相關的好的資訊就會向你彙集，你就更容易走向成功。

作者簡介

朗達．拜恩，澳大利亞電視製片人和作家。她被人熟知是因為她所寫的《秘密》一書，以及其參與制作的同名電影。在不到六個月的時間內，她的書賣了近四百萬本，而電影DVD賣了超過兩百萬張。朗達．拜恩（Rhonda Byrne）還是實案犯罪系列《感應兇手》（Sensing Murder）的製作人，也曾參與制作了澳大利亞知名的實境求婚節目《嫁給我》（Marry Me）。二〇〇七年，拜恩入選為美國《時代》雜誌全世界最有影響力一百人。

就像每個人一樣，朗達已經走在自我探索的旅途上。循著這個探索之旅，她凝聚了一個超強的團隊，從物理學家、風水師、作家、心理學家、教師、影像工作者、設計以及出版等相關人員，把這個秘密推廣到全世界，帶給全球逾千萬人喜悅的轉變，因此於二〇〇七年被《時代》雜誌選為全球最有影響力的一百人之一。並在「全球最有影響力的人：創造者和巨人物」評選中，以作家身分與路易威登總裁、任天堂首席遊戲製作人宮本茂以及百事可樂公司總裁、蘋果公司CEO史蒂夫．約伯斯名列全球十三位最有影響力的人物。

勵志名言

❶ 生命的偉大秘密就是吸引力法則。

❷思想是具有磁性的，並且有著某種頻率。當你思考時，那些思想就發送到宇宙中，然後吸引所有相同頻率的同類事物。所有發出的思想，都會回到源頭——你。

❸吸引力法則就是一種自然法則，跟萬有引力定律一樣公正無私。

❹不好的感覺和好的思想，是不可能同時存在的。

❺秘密移轉物——例如快樂的回憶、大自然或你喜愛的音樂——可以瞬間改變你的感覺、轉換你的頻率。

❻吸引力法則和阿拉丁神燈的巨人一樣，對我們有求必應。

❼接收是指去感覺你的渴望一旦實現時，你所會有的感受。現在就感覺美好，會把你放到想要事物的頻率上。

❽要減肥，就不要把焦點放在「減肥」上，反之，把焦點放在你的完美體重上。去感受擁有完美體重時的感覺，你將召喚它的到來。

❾借由去想你所要的生活方式，來預先創造你的生活，你就能依自己的意識創造生命。

❿期盼是一股強大的吸引力。去期盼你想要的事物，別期盼不想要的。

⓫好好地利用吸引力法則，讓它成為一種習慣性的生活方式，而不是做一次就算了。

⑫每天結束時，在你睡覺之前，去想想一整天所發生的事。如果有任何的時刻或事件不是你想要的樣子，那就改用能使你滿意的方式，在心中「重播」一次。
⑬讓思想的天平傾向富裕的那一端。要想著富裕。
⑭笑，能引來喜悅、釋放消極心態。
⑮不要聽信社會上有關疾病和老化的說法。負面的資訊對你毫無用處。
⑯美好的事物永遠也用不完，就算分配給每個人，還是綽綽有餘。生命本來就是豐足的。
⑰讚美、祝福這世界的一切，你將化解其負面性與不和諧，讓自己和「愛」這個最高的頻率一致。
⑱宇宙起源於思想。我們不只是自身命運的創造者，同時也是宇宙的創造者。

15

當下的力量

當下在哪裡？當下是我們最容易忽略的思維死角。我們習慣性地活在過去，很多人總是活在過去死死不肯放手。對未來則憂心忡忡，但過去的終已過去，不會再來，未來又尚未來臨。我們所能擁有的不就是當下嗎？可是很多時候我們往往把當下給忽略了，「我們思索著過去，憂慮著未來，結果是我們永遠無法對現在付出全部的注意力。」

15 當下的力量

埃克哈特．托利

凡是還沒有找到他們內在真正的財富，也就是存在燦爛的喜悅，和伴隨而來不可動搖的平安的人，就是乞丐，即使他們擁有龐大的物質財富。他們無視於內在已經擁有的，不僅包含，而且還遠超過世間財的無限量的寶藏。他們向外攀緣，追尋片面的享樂或滿足、肯定、安全感或愛。

作品簡介

曾經，有一位乞丐在路邊坐了三十多年。

一位陌生人經過。這位乞丐機械地舉起他的舊棒球帽，喃喃地說：「給點兒吧。」

陌生人說：「我沒有任何東西可以給你。」

「你坐著的是什麼？」

乞丐回答說：「什麼都沒有，只是一個舊箱子而已，自從我有記憶以來，我就一直坐在它上面。」

陌生人問：「你曾經打開過箱子嗎？」

「沒有。」乞丐說，「有什麼用？裡面什麼都沒有。」

陌生人堅持：「打開箱子看一看。」

乞丐這才試著打開箱子。這時令人意想不到的事情發生了，乞丐充滿了驚奇與狂喜：箱子裡裝滿了金子。

那些沒有找到他們真正財富的人就好比是故事中的那個乞丐，即便已經擁有很多物質上的財富，他們依然在四處尋找歡樂、成就、安全或愛情的殘餘，他們不知道，自己不僅已經擁有了所有這些東西，還擁有了比這些更爲珍貴的東西。

每個人都有感到迷失的時候。從什麼時候起，我們忘記了兒時的夢想，忘記了那個曾經帶給自己歡樂的花花世界，卻換之以一顆戒備而憤怒的心面對這個充滿欲望的物質叢林。我們糾纏於那些每天遇到的人、遇到的事，糾結於那些遇到的不公和委屈，卻忘了生命的真正所在。

你或許生活在對未來的焦慮中，你或許無法擺脫過去留給你的痛苦，你和你的伴侶或許總是糾纏在無盡的相互傷害中，怎樣解決這些永遠困擾我們生活的煩惱，獲得心靈的寧靜和幸福呢？

閱讀本書對於你來說是一個發現之旅，在作者這位心靈導師的引導下，你會驚訝地發現，自己一直都處在大腦或思維的控制之下，生活在對時間的永恆焦慮中，從而阻礙你擺脫內心的痛苦。但實際上，我們只能活在當下，活在此時此刻，所有的一切都是在當下發生的，而過去和未來只是一個單純的時間概念。通過向當下的臣服，你才能找到真正的力量，找到獲得平和與寧靜的入口。在那裡，我們能找到真正的歡樂，我們能擁抱真正的自我。

這不僅僅是一本書，在這本書中還有活生生的能量，當你讀這本書時你可能會感受到這種能量。它有一種驚人的力量，這種力量可以使讀者去體驗書中的內容並改善自身的生活。本書在《紐約時報》暢銷書排行榜中名列第一，已被翻譯成三十多種文字，暢銷全球二百多萬冊，被譽爲我們這個時代最具影響力的心靈之書。

篇目選摘

有一個乞丐在路邊行乞了三十年。有一天一個路人經過。「賞我幾個零錢吧？」乞丐喃喃地說，順手伸出了他那頂老舊的球帽。「我沒有東西可以給你，」路人回答說，接著就問道：「你屁股坐著的是什麼？」「沒什麼，」乞丐回答，「只是口舊箱子，從我有記憶以來，就一直坐在上面。」「你打開看過嗎？」「沒有，」乞丐說，「何必呢？裡邊啥也沒有。」「打開看一下，」路人堅持著說。乞丐勉爲其難地撬開了箱子，這時他喜出望外，滿臉狐疑，因爲他看到箱子裡裝滿了黃金。

我就是那個沒有什麼可以給你，卻叫你看寶箱裡面的路人。我指的不是這個寓言裡有形的箱子，而是與你更貼身的寶箱——你的內在。

「可是我並不是乞丐呀！」我知道你會抗議。

凡是還沒有找到他們內在真正的財富，也就是存在燦爛的喜悅，和伴隨而來不可動搖的平安的人，就是乞丐，即使他們擁有龐大的物質財富。他們無視於內在已經擁有的，不僅包含，而且還遠超過世間財的無限量的寶藏。他們向外攀援，追尋片面的享樂或滿足、肯定、安全感或愛。

一提起開悟這個字，我們便會在觀念中產生超人成就式的幻覺，我只喜歡保持這樣的方式，可是開悟只不過是與存在和一時覺受到的自然狀態罷了。它是一種與不可預測、不可摧毀的東西聯繫的狀態。那個東西，說來幾乎是矛盾的，它既是你，卻又無法超過你，它在名相之外能夠找到你的本性。這份聯繫感的喪失，滋生了你和你自己以及你和世界分裂的幻象。你便會有意識地感知自己是一個孤離的碎片。恐懼因此而生，內在和外在的衝突變成了常態。

我甚愛佛陀用「離苦」這麼簡單的兩個字，把開悟給定義出來。這裡面沒有任何超人的影子，對嗎？當然就定義而言，它並不完整。因爲它只告訴了你開悟不是什麼：不是受苦。然而卻沒有說明受苦之後，剩下的又是什麼？這一點佛陀卻避而不談，他的沉默暗示了你必須自己去找出來。他使用反義，爲的是不讓你的頭腦把它製造成一個可以去相信，或者一個超人般的成就，一個你無法企及的目標。可惜絕大部分的佛教徒無視於佛陀的苦心孤詣，卻一逕地相信開悟非佛陀莫屬，與他們無緣，至少這一輩子甭想。

你提到「存在」（Being）這個字，你可以解釋它的意思嗎？

存在就是永恆的，無所不在的一體生命，它超越那個充斥著無數形象且受制於生死的生命。然而本體不僅超越形象，也以最內在無形且不滅的本質，存在於每一個形象的內在深處。這意味著它是你當下就可以觸及的最深處的自我和自性。不過不要企求透過頭腦去掌握它。不要試圖去瞭解它。只有當頭腦靜止的時候，你才能知道它，當你全然而深刻地專注在當下的時候，存在才能被感覺到。不過它絕不可能被心智頭腦所瞭解。如果能夠對存在的覺知失而復得，並且安住在那個「覺受的體悟」的狀態，就是開悟。你說的「存在」指的是神嗎？如果是的話爲什麼你不直說？

神這個字經過數千年的濫用，它的意義已經蕩然無存了。我偶爾會用，不過情況極少。我說的濫用，指的是那些無緣一窺神所蘊含的那個無限靈性的人，一副自以爲是的樣子，信誓旦旦地使用它。再不然，就以一副「予豈好辯哉」的態度，與人爭辯。這種濫用導致了荒謬的信念、主張、和我執的幻象，比如說「我的或我們的神才是唯一的真神，你的神是假的。」再不然就如尼采所宣稱的，「上帝已死」。

神這個字已經變成了一個封閉的概念。只要這個字脫口而出，就立刻創造了一個形象出來。或許，出現的不再是那個白鬚的老者，卻依然是個自外於你的某個人或某個物的形象，當然，這個某人或某動物幾乎千篇一律地是男性。

這個字所蘊含的不變實相，絕不是神或存在，或任何文字可以定義或詮釋的。所以唯一重要的一個問題在於這個字所指涉的那個（That），對你的體驗究竟是一個助力抑或障礙？它是否指向一個超越它自己的超驗實相？還是它太過於靈巧敏捷，反而落入你頭腦裡的一個概念，好讓你相信它，奉爲心理的偶像呢？

存在這個字無從解釋起，神這個字也一樣。然而，存在的優勢是它是一個開放的概念。它不把那不可限量的無形，化成一個有限的實體。你不可能用它塑造出一個形象出來。它不爲任何人所獨佔。它是你的本質。它就像你本身的臨在一樣，當下就可以觸及的。它是先於我是這個，或我是那個之前的我是。因此由存在這個字到存在的經驗之間，只隔著一小步。

體驗這個實相的最大障礙是什麼？

是我們對心智頭腦的認同。它使思想變成強迫性。無法停止思想是一種可怕的痛苦。可是幾乎每個人都飽受這種痛苦，但是反而視爲平常而習焉不察。這種持續不斷的思想雜訊，阻擋著你，使你無從發現那個與存在不可分割的內在寧靜。它也創造了一個心造的假我，因而投下恐懼和受苦的陰影。這方面稍後再做更詳細的審視。

哲學家笛卡兒在提出他的名句「我思，故我在。」的時候，自信已經找到了最根本的真理。事實上，他表達的是最基本的謬思：把思考等同於存在，並且把身分認同等同於思考。強迫性思考者，這幾乎是每一個人的寫照，活在一個明顯的孤離狀態，活在一個問題與衝突不斷、一個瘋狂而複雜、一個反映了心智頭腦不斷支離的世界裡。開悟是一個圓滿的狀態，是一個由「合一」而達到平安的狀態。也就是與生命的外顯層面——這個世界，以及你最深處的自我合一，並且與生命的隱含層面（**原始狀態**）——存在的合一。開悟不僅只是受苦和內外衝突的了斷，也是不斷思考苦牢的終結。這樣的解脫簡直不可思議！

心智認同創造了一個由概念、標籤、形象、文字、批判和定義所組成的不透光的螢幕。它阻絕了所有真正的親密關係。它隔閡了你和你自己、你和你的同胞、你和大自然、你和神的關係。這一道思想的螢幕，創造了孤離的幻相——那個造成了你和「他人」是完全獨立的區隔的幻象。這也使你遺忘了一個核心的事實，就是在外形和各自不同的形式層面之下，你與萬有皆是一體的事實。我所謂的「遺忘」，指的是你不再感覺你和這個不言自明的事實合一了。也許你相信它是真的，可是你不再知道它是真的。信念固然可以帶來寬慰，可是只有透過親身的體驗，它才能釋放你。

思考已經變成了一種疾病。當事情失去平衡的時候，疾病便因此而生。例如：身體裡的細胞分裂和增殖是正常的，可是當這個過程無視於整個有機體，而持續地快速增生的話，我們便生病了。

注：心智如果運用得當，是一個超級利器。然而如果誤用了心智的話，卻極具摧毀力。更正確的說法是：問題不在於你使用了你的心智——一般而言你根本沒有使用它，而是它在使用你。這就是疾病。你相信就是你的心智頭腦。這是一個幻相。這個工具已經反客爲主掌控你了。

我不苟同這種說法。我跟大多數人一樣，有很多漫無目標的思考，這是真的。不過我仍然能夠選擇運用我的心智頭腦而有所得和有所成就，而且我經常這麼做。

會解謎語或是製造原子彈，並不表示你會運用你的心智頭腦。頭腦就像喜歡啃骨頭的狗一樣，喜歡啃問題。這也是它能夠解謎語和製造原子彈的原因。這兩者你都沒有興趣。我請教你：你能夠隨心所欲地擺脫你的頭腦嗎？你找到了控制頭腦的「開關」嗎？

你是指停止全部的思考？沒有，我不能。只除了極短暫的一刻。那麼頭腦就在使用你。你無意識地與它認同了，因此你甚至不知道你是它的奴役。這幾乎就像你不知不覺地被附了身一樣。你錯把附身的實體當作自己。當你明白你不是那個附身的實體——思考者的時候，就是自由的開始。知道這一點使你能夠觀察這個實體。你開始觀察思考者的那一刻，便啓動了一個更高的意識層面。然後你就開始明白，還有一個超越思想，而且更寬闊的智慧境界。相較之下，心智頭腦只是這個智力的滄海一粟罷了。你還會明白所有真正重要的事物——美、愛、創造、喜樂、內在的平安——都來自頭腦之外。你便開始覺醒了。

——摘自《當下的力量》「開悟——到底是什麼」

當你沒有取得臨在的意識頻率，以及在你取得臨在的意識頻率之前，所有的關係，特別是親密關係，就是殘缺不全而且徹底地失能。也許有似乎完美的片刻，比如「在愛裡」的時候。可是外表的完美，終究難逃爭執、衝突、不滿和情感或肢體暴力的遞增而畫下句點。似乎大多數「愛的關係」都會很快地以愛／恨交織的關係收場。愛在轉眼之間變成了野蠻的攻擊、敵意、或者情愛的完全撤除。我們視這一切爲常情。關係便在「愛」與恨的兩極之間拉鋸，期間的拉輻在幾分鐘、幾個月、甚至幾年不等。

讓你享受這樣的起伏，也讓你承受它的痛苦。雙方對這個循環產生癮頭，變成了家常便飯。這個劇碼給他們活著的感覺。一旦正負兩極之間失衡的時候，負面和破壞性的循環儘早會發生，並且開始加速增強，那麼關係的瓦解便指日可待了。

你滿以爲只要去除了關係裡的負面或破壞性的循環，從此就一切順利、開花結果了——這無疑是癡人說夢。愛、恨兩極是相互依存的，有其一必有其二。正極之中就已經隱含未彰顯的負極。兩者都是同一個失能的不同面向。我現在談的是一般所謂的羅曼蒂克的關係，不是真愛。真愛沒有對立。因爲它源自超越心智的層面。以持續狀態呈現的愛，就像有意識的人類一樣少之又少。不過當心智流產生間隙的時候，我們可能對愛有短暫而浮光掠影的瞥見。

我們很容易把失能歸之於關係中的負面情況，你也可能把失能的來源推在伴侶身上而不在自己。它會以許多種形式顯現出來：佔有、嫉妒、控制、退縮、積怨、討公道、冷漠、自溺、情感的索求和操控、強迫性的爭執、批評、判斷、譴責、攻擊、憤怒、無意識地對父母所施加的舊痛報復、暴怒和肢體暴力。

在正向的一面，你和伴侶是「在愛裡」。起初這是一個有深度滿足感的狀態。你很深刻地感覺自己活著。你的存在因爲有個人需要你、欲求你、讓你與眾不同，而突然間變得意義非凡，而你也對對方投桃報李。你們在一起的時候，你感覺完整了。這種感覺往往強到讓你只羨鴛鴦不羨仙的地步。

然而，你也許察覺到這個濃得化不開的柔情蜜意裡，隱含了一份需求和攀緣。你開始對這個人上了癮。對方對你的作用就像毒品一樣。只要毒品在身你就會駭（high），而只要對方一有可能離開你的念頭，就會導致嫉妒、佔有、或者企圖借著源自失落的恐懼而生情感——要脅、譴責、指控——進行情感的操控。萬一對方果然離開了你，便會產生最強烈的敵意，或是絕頂的悲傷和絕望。任何一種情況都會使柔情化為攻擊或悲傷的利劍。如今愛在何方？愛能否在頃刻之間化為恨？當初的那些是愛，或者只是一個執著和攀緣的癮頭？

——摘自《當下的力量》「愛／恨關係」

人生啟示

埃克哈特．托利的著作《當下的力量》是一本不可多得的好書，其中內容值得我們大家反覆玩味，作者用自己的親身經歷去告訴人們當下（現在）的重要性。告訴人們一個深刻的道理——活在當下。

當下在哪裡？當下是我們最容易忽略的思維死角。我們習慣性地活在過去，很多人總是活在過去死死不肯放手。對未來則憂心忡忡，但過去的終已過去，不會再來，未來又尚未來臨。我們所能擁有的不就是當下嗎？可是很多時候我們往往把當下給忽略了，「我們思索著過去，憂慮著未來，結果是我們永遠無法對現在付出全部的注意力。」書中啓示我們，要及時關注和全神貫注於此時此刻我們正在做的和需要解決的問題。

當下就是當我們行色匆匆的時候，內心會有一個聲音輕輕地告訴我們，要注意放慢腳步哦，呼吸一下新鮮的空氣哦。當下就是當我們爲過去工作上的事情懊悔，或者爲未來的不確定因素坐立不安時，我們不妨放輕鬆，因爲現在沒發生什麼問題啊。有時候，思慮過多，反倒把事情搞得很複雜，拖自己的後腿。

活在當下，會使我們更加懂得珍惜和擁有。活在當下，會讓我們把日常的負面情緒和消極心理減到最小。活在當下，會有更爲積極的行動力，使我們的工作效率更高。

該書還告訴我們：首先應該學會清空自己，其次應該學會專注當下。所謂的清空自己，就如一個空空的杯子，能夠容下更多的水。人也一樣，只有在清空自己的思想時才能更多地聽到或者感覺到周圍的聲音；只有清空自己的思想才能學習到曾經沒有意識到的知識。其次，在清空我們自己的思想的同時，應該學會專注當下，不必太計較自己的曾經和未來，我們對曾經和未來要明白幾點：一要總結曾經的經驗，二要堅定對未來的信念，這個信念是我現在的努力在未來的某一天一定會有所收穫，三要專注你的身體，學會聆聽你的身體，從而學會聆聽世界的事物，不能妄加自己的聯想，要以事實說話。愛護你身體的每一個部分，從而營造一個身心健康的身體，學會包容，有良好心態。

這本書還教導我們用一種新的生活方式。「當下時刻的關鍵是要找到那些屬於自己的真正的財富，不要做故事中的那個乞丐，即便已經擁有很多物質上的，他們依然在四處尋找快樂、成就、安全或愛情的殘餘。他們不知道，自己已經擁有的這些東西，還有的那些更爲珍貴的東西，那就是——當下的力量。」放下思維的束縛，展示真實的自我，活在當下，體會生命的美好，讓每一天不虛度，讓每一天都充滿力量。

向外攀求的幸福與快樂，最終會化成泡影，並且會在最後帶給你與所謂的幸福成正比的痛苦，這就是爲什麼釋迦牟尼開示說你現在的幸福也是一種受苦；真正的平和與喜悅從來不是在外界所能尋求的，不在過去，也不在未來，就在當下，就在我們自己的內信之中，越是去感受，就會越肯定它的存在，這才是唯一不會消逝的永恆的喜悅，無常世間的幻象，無論看似多麼美好，在它面前也會黯然失色。

作者簡介

埃克哈特．托利生於德國，從倫敦大學畢業後，他在劍橋大學擔任研究員和導師。廿九歲那年，一次意外的經歷徹底改變了他的生活。在接下來的幾年裡，他致力於解釋、整合和深化這種變化。埃克哈特．托利不傾向於任何一種宗教或傳統。在他的教學當中，他用一種簡單明瞭的語言傳達了古代心靈導師的簡單而深刻的資訊：我們可以擺脫痛苦並進入內心的平和世界。

在二〇一一年評選的世界百位靈性導師中，埃克哈特．托利名列首位。目前，埃克哈特．托利在世界各地旅遊講學，他努力將自己的心靈啟迪實踐傳授給世界各在的人。自一九九六年以來，他居住在加拿大的溫哥華。

勵志名言

❶不要讓痛苦之身使用你的心智並掌控你的思考。
❷沒有人能夠完全免於生命的痛苦和悲傷。
❸人類的痛苦中，有些組成部分都是不必要的，它是你那個沒有受到觀察的心智主宰你的生命時，所自編自匯出來的。
❹一旦痛苦之身掌控了你之後，你就會想要更多的痛苦。
❺一旦你撤離了對心智的認同，對錯與否對你的自我感實在無關痛癢。

⑥如果你為自己擬定了一個目標，並且朝著它努力，你就是在利用鐘錶時間。

⑦不要關心行動的成果——只管專注行動本身。成果會自然來到。

⑧任何行動都優於不行動，尤其是當你長時期卡在一個不快樂的情境裡的時候。如果是個錯誤，至少你學到教訓了，它便不再是個錯誤。

⑨內在身體的覺知，還會帶來生理方面的好處。其中之一就是：相當程度地延緩了身體的老化。

⑩時間和外顯世界之間，與無時間的當下和隱含生命之間一樣，都是環環相扣的。

⑪愛雖有驚鴻一瞥的剎那，但是除非你適當地擺脫了心智認同，而臨在的強度也足以瓦解痛苦之身，或者至少以觀察者的身分臨在，否則愛就不可能滋長。

⑫真正的救贖是一種解脫的狀態——從恐懼、從受苦中解脫，從匱乏和不足的狀態所產生的缺乏、需要、求取和攀緣之中解脫。

⑬愛就是一個本體的狀態。你的愛不在外界；它在你的內心深處。

⑭愛是沒有揀擇的，就像陽光普照大地一樣。愛不會讓人與眾不同。愛不會排外。

⑮真正的溝通就是分享交流——合一的體現，也就是愛。

⑯如果內在沒有散發愛和喜悅，沒有對眾生的全然臨在和敞開，那麼就不是開悟。

⑰劇烈的不快樂，是一帖最棒的覺醒劑。

⑱多數人似乎需要經歷過大量的受苦之後，才肯放棄抗拒，擁抱接納——才肯擁抱寬恕。

16

誰搬走了我的乳酪

現代的社會是一個瞬息萬變的資訊時代，每個人都要和時代同步，緊跟時代的步伐，才能夠與時俱進，安身立命，因為每個人的乳酪隨時會被他人拿走，世上的一切不可能是不變的，面對得失，如果一味怨天尤人，只知道追問「誰搬走了我的乳酪？」而不能夠很快適應新的變化，等發現失去的乳酪再也不會回來的時候，終會追悔不已的。

16

誰搬走了我的乳酪

斯賓塞．詹森著

如果你無所畏懼，你會怎樣做呢？

他對著這句話苦思冥想。

他知道，有時候，有所畏懼是有好處的。當你害怕不做某些事情會使事情變得越來越糟糕時，恐懼心反而會激起你去採取行動。但是，如果因為過分害怕而不敢採取任何行動時，恐懼心就會變成前進道路上最大的障礙。

作品簡介

《誰搬走了我的乳酪》這本書主要闡述的是一個「變是唯一的不變」這一生活真諦。這本書成爲全世界最暢銷的書之一，很有趣且能啓蒙智慧的故事，內容是在描繪四個住在「迷宮」裡的人物，他們竭盡所能地尋找能滋養他們身心、使他們快樂的「乳酪」的過程。

人生猶如「迷宮」，每個人都在其中尋找各自的「乳酪」——穩定的工作、身心的健康、和諧的人際關係、甜蜜美滿的愛情，或是令人充滿想像的財富……那麼，你是否正在享受你的乳酪呢？

如果是的，恭喜你，你只需要閱讀一下書中的小故事即可，因爲它會時刻提醒你，你的乳酪是否已經變質；如果不是，歡迎你，請你把這本書從頭到尾閱讀一下，希望你能夠從中受到啓發，儘快享受你的乳酪。

變化總在時時發生，我們每個人都要認真思考，究竟是誰動了我的「乳酪」，我們又該如何發現新的「乳酪」，其中《誰搬走了我的乳酪》牆上這樣寫：

1.變化總是在發生：他們只是不斷地拿走你的乳酪。
2.預見變化：隨時做好乳酪被拿走的準備。
3.追蹤變化：經常聞一聞你的乳酪，以便知道它們什麼時候開始變質。
4.儘快適應變化：越早放棄舊的乳酪，你就會越早享用到新的乳酪。
5.改變：隨著乳酪的變化而變化，並享受變化。
6.享受變化：嘗試冒險，去享受新乳酪的美味！
7.做好迅速變化的準備不斷地去享受變化，記住：他們仍會不斷地拿走你的乳酪。

相信看了這些話語你就將明白該怎麼做，這牆上的每句話都令人深思，其中蘊藏了無窮的道理。生活在這樣一個快速、多變和危機的時代，每個人時刻都可能面臨新情況，使人們在各種變化中茫然無措，先是追問——到底是誰動了「我的乳酪」？然後對新的生活狀況無所適從，不能正確面對新的情況。如果你在各種突如其來的變化中，總耽於「失去」的痛苦、「決定」的兩難、「失望」的無奈……那麼生活將會是一種痛苦。我們總是習慣於習慣，不喜歡嘗試新事物，總喜歡一成不變的生活。《誰搬走了我的乳酪》告訴我們一個最簡單的應對方法，面對新情況，那就是把跑鞋掛在脖子上，時刻準備穿上它，在千變萬化的世界裡奔跑追尋。

篇目選摘

從前，在一個遙遠的地方，住著四個小傢伙。為了填飽肚子和享受樂趣，他們每天在不遠處的一座奇妙的迷宮裡跑來跑去，在哪裡尋找一種叫作「乳酪」的黃澄澄、香噴噴的食物。

有兩個小傢伙是老鼠，一個叫「嗅嗅」，另一個叫「匆匆」。另外兩個傢伙是小矮人，和老鼠一樣大小，但和人一個模樣，而且他們的行為也和我們今天的人類差不多。他倆的名字，一個叫「哼哼」，另一個叫「唧唧」。

由於他們四個實在太小了，他們在幹什麼當然不太會引起旁人的注意。但如果你湊近去仔細觀察，你會發現許多令人驚奇不已的事情！兩個小老鼠和兩個小矮人每天都在迷宮中度過，在其中尋找他們各自喜歡的乳酪。嗅嗅、匆匆的大腦和其他齧齒類動物的差不多一樣簡單，但他們有很好的直覺。和別的老鼠一樣，他們喜歡的是那種適合啃咬的、硬一點的乳酪。

而那兩個小矮人，哼哼和唧唧，則靠腦袋行事，他們的腦袋裡裝滿了各種各樣的信念和情感。他們要找的是一種帶字母「C」的乳酪。他們相信，這樣的乳酪會給他們帶來幸福，使他們成功。

儘管小老鼠和小矮人的目標各不相同，但他們做的事情是差不多的。每天早上，他們會各自穿上運動服和慢跑鞋，離開他們的小房子，跑進迷宮尋找他們各自鍾愛的乳酪。

迷宮中有許多曲折的走廊和好像蜂窩的房間，其中的一些房間裡藏著美味的乳酪，但更多的地方是黑暗的角落和隱藏的死胡同，任何人走進去都很容易迷路。

同時，這座迷宮還有一種神奇的力量，對那些找到出路的人，它能使他們享受到美好的生活。

兩個小老鼠，嗅嗅和匆匆，總是運用簡單低效的反覆嘗試的辦法找乳酪。他們跑進一條走廊，如果走廊的房間都是空的，他們就返回來，再去另一條走廊搜尋。沒有乳酪的走廊都會記住。就這樣，很快地他們從一個地方找到另一個地方。嗅嗅可以用他那了不起的鼻子嗅出乳酪大致的方向，匆匆則跑在前面開路。然而迷宮太大太複雜，如你所料，他們經常會迷路，離開正道走錯了方向，有時甚至還會撞到牆上。

兩個小矮人，哼哼和唧唧，則運用他們思考的能力，從過去的經驗中學習。他們靠複雜的腦筋，搞出了一套複雜的尋找乳酪的方法。

哼哼和唧唧的方法比他們的老鼠朋友要高效，因此他們走進死胡同和碰壁的情況要比小老鼠們少得多。他們也爲此而時常沾沾自喜很是得意，甚至有些看不起低智商的老鼠朋友。然而有時候，人類複雜的頭腦所帶來的複雜感情也會戰勝他們的理性思維，使他們看問題的眼光變得暗淡起來。這也使得他們在迷宮裡的生活更加複雜化，也更具有挑戰性了。

但不管怎樣，這四個傢伙嗅嗅和匆匆、哼哼和唧唧，都以他們各自不同的方式不懈地追尋著他們想要得到的東西。最後，終於有一天，在某個走廊的盡頭，在乳酪C站，他們都找到了自己想要的乳酪。

這裡真是一個天堂，四個小傢伙被眼前的情景驚呆了，無數各種各樣的乳酪堆積如山，閃著誘人的光亮。四個小傢伙呆了半晌，然後就瘋了般地衝進乳酪堆，開始狂歡。從那以後，這四個傢伙——小老鼠和小矮人，每天早上穿上他們的跑步裝備後便毫不猶豫地直奔乳酪C站。不久，他們都建立了熟悉的路線，並形成了各自的生活習慣。

嗅嗅和匆匆仍舊每天都起得很早，然後沿著相同的路線跑進迷宮中。

當老鼠們到達目的地後，他們脫下自己的跑鞋，有條不紊地將兩隻鞋繫在一起，掛在脖子上；以便需要的時候很快穿上。然後他們才開始盡情地享用乳酪。

在開始一段時間裡，哼哼和唧唧也是如此行事，每天早上趕到乳酪C站，按部就班地把鞋子掛在脖子上，享用在那裡等著他們的美味佳餚。

然而不久以後，小矮人們改變了他們的常規。

哼哼和唧唧每天起得比老鼠們晚一些，懶懶地穿好運動服，然後信步走到乳酪C站。不管怎樣，反正已經找到了乳酪。

他們從沒想過，乳酪是從哪裡來的，是誰把它們放在那裡的。他們只是理所當然地認爲，乳酪總是會在那裡的。

每天，哼哼和唧唧到乳酪C站以後，就像回到自己的家一樣，舒服地待在那裡。他們脫下運動衣，把它們掛起來，甩掉腳上的鞋子，換上拖鞋。他們找到了乳酪，感覺實在是太愜意了。

「真是太好了！」哼哼說，「這裡有這麼多乳酪，足夠我們享用一輩子了。」小矮人們充滿了幸福和成功的感覺，覺得從此可以無憂無慮了。

不久，哼哼和唧唧便理所當然地認定，他們在乳酪C站發現的乳酪就是「他們自己的」乳酪了。這裡的乳酪庫存是如此的豐富，於是他們決定把家搬到更靠近乳酪C站的地方，還在周圍一帶開展了他們的社交活動。

爲了使這裡更像家的感覺，哼哼和唧唧把牆壁裝飾了一通，還在牆上寫了一些格言，並精心地畫上了一些非常可口的乳酪的圖案。他們看著這些圖畫和格言，會心地笑了，其中一幅圖畫的內容是：

「擁有乳酪，就擁有幸福。」

有時，他們會帶朋友來參觀他們在乳酪C站裡成堆的乳酪，自豪地指著這些乳酪說：「多麼美妙可口的乳酪呀，不是嗎？」有時，他們還會與朋友們一起分享這些乳酪，而有時則是單獨享用。

「我們應該擁有這些乳酪，」哼哼說，「爲了找到它們，我們可是付出了長期而艱苦的努力的，我們當然有資格擁有它們。」他一邊說著一邊拿起一塊鮮美的乳酪放進嘴裡，享用起來，臉上流露出幸福的光彩。

然後，就像往常一樣，哼哼享受完乳酪便睡著了，夢裡還露出滿足而愜意的笑容。

每天晚上，小矮人們在美美地飽餐了乳酪後，就搖搖擺擺地走回家，第二天早上他們又會信心十足地走進乳酪C站，去享用更多的乳酪。

這樣的境況維持了相當長的一段時間。

逐漸地，哼哼和唧唧的自信開始膨脹起來。面對成功，他們開始變得妄自尊大。在這種安逸的生活中，他們絲毫沒有察覺到正在發生的變化。

隨著時間的流逝，嗅嗅和匆匆日復一日地重複著他們的生活。每天早早地趕到乳酪C站，四處聞一聞、抓一抓，看看這區域和前一天有什麼不一樣。等到確定沒有任何異常後他們才會坐下來細細品味乳酪，好好享受一番。

一天早上，當嗅嗅和匆匆到達乳酪C站時，發現這裡已經沒有乳酪了。

對此，他們並不感到吃驚，因為他們早已察覺到，最近好像有一些奇異的事情正在乳酪C站裡發生，因為這裡的乳酪已經越來越小，並且一天比一天少了。他們對這種不可避免的情況早有心理準備，而且直覺地知道該怎麼辦。

他們相互對望了一眼，毫不猶豫地取下掛在脖子上的跑鞋，穿上並繫好鞋帶。

兩隻小老鼠對此並沒有做什麼全面細緻的分析，事實上，也沒有足夠複雜的腦細胞可以支援他們進行這麼複雜的思維。

對老鼠來說，問題和答案都是一樣的簡單。乳酪C站的情況發生了變化，所以，他們也決定隨之而變化。

他們同時望向迷宮深處。嗅嗅揚起他的鼻子聞了聞，朝匆匆點點頭，匆匆立刻拔腿跑向迷宮的深處，嗅嗅則緊跟其後。

他們開始迅速行動，去別的地方尋找新的乳酪，甚至連頭都沒有回一下。

同一天的晚些時候，哼哼和唧唧也像往常一樣蹓蹓躂躂地來到乳酪C站，一路上哼著小曲。他們過去一直沒有察覺到這裡每天都在發生的細小變化，而想當然地以爲他們的乳酪還在那裡。

——摘自《誰搬走了我的乳酪》「誰搬走了我的乳酪？」的故事

「怎麼！竟然沒有乳酪？」哼哼大叫道，然後他開始不停地大喊大叫，「沒有乳酪？怎麼可能沒有乳酪？」好像他叫喊的聲音足夠大的話，就會有人把乳酪送回來似的。

「誰搬走了我的乳酪？」他聲嘶力竭地吶喊著。

最後，他把手放在屁股上，臉憋得通紅，用他最大的嗓門叫道：「這不公平！」

唧唧則站在那裡，一個勁地搖頭，不相信這裡已經發生的變化。對此，他同樣沒有任何心理準備，他滿以爲在這裡照舊可以找到乳酪。他長時間地站在那裡，久久不能動彈，完全被這個意外給驚呆了。

哼哼還在瘋狂地叫嚷著什麼，但唧唧不想聽，他不想面對眼前的現實，他拚命告訴自己，這只是一個噩夢，他只想迴避這一切。

他們的行爲並不可取，而且也於事無補，但我們總還是能夠理解的。

要知道找到乳酪並不是一件容易的事情。更何況，對這兩個小矮人來說，乳酪絕不僅僅只是一樣塡飽肚子的東西，它意味著他們悠閒的生活、意味著他們的榮譽、意味著他們的社交關係以及更多重要的事情。

對他們來說，找到乳酪是獲得幸福的唯一途徑。根據不同的偏愛，他們對乳酪的意義有各自不同的看法。

對有些人而言，乳酪代表的是一種物質上的享受；而對另一些人來說，乳酪則意味著健康的生活，或者是一種安寧富足的精神世界。

對唧唧來說，乳酪意味著安定，意味著某一天能夠擁有一個可愛的家庭，生活在名人社區的一座舒適的別墅裡。

對哼哼來說，擁有乳酪可以使他成爲大人物，可以領導很多的人，而且可以在卡米伯特山頂上擁有一座華麗的宮殿。

由於乳酪對他們實在太重要了，所以這兩個小矮人花了很長時間試圖決定該怎麼辦。但他們所能夠想到的，只是在乳酪C站裡尋找，看看乳酪是否真的不存在了。

當嗅嗅和匆匆已經迅速行動的時候，哼哼和唧唧還在那裡不停地哼哼唧唧、猶豫不決。

他們情緒激動地大聲叫罵這世界的不公平，用盡一切惡毒的語言去詛咒那個搬走了他們乳酪的黑心賊。然後唧唧開始變得消沉起來，沒有了乳酪，明天會怎樣？他對未來的計畫完全都建立在這些乳酪的基礎上面的啊！

這兩個小矮人不能接受這一切。這一切怎麼可能發生呢？沒有任何人警告過他們，這是不對的，事情不應該是這個樣子的，他們始終無法相信眼前的事實。

那天晚上，哼哼和唧唧餓腸轆轆、沮喪地回到家裡。在離開之前，唧唧在牆上寫下了一句話：

「乳酪對你越重要，你就越想抓住它。」

第二天，輾轉難眠了一晚上的哼哼和唧唧早早地離開家又回到乳酪C站，不管怎樣，他們抱著一線希望，他們不斷地欺騙自己，假定昨天走錯了地方，他們仍然希望找回他們的乳酪。乳酪站的位置沒有變化，然而乳酪的的確確早已不復存在。兩個小矮人頓時手足無措，不知道該怎麼辦。哼哼和唧唧只是站在那裡，一動不動，就像兩座毫無生氣的雕像。

唧唧緊緊閉上眼睛，用手捂住自己的耳朵，他只想把一切都堵在外面。他不願相信乳酪是逐漸變得越來越小的，他寧願相信乳酪是突然之間被全部拿走的。

哼哼則把現在的情況分析了又分析，他用他複雜的大腦把他所有的信條都翻了個遍。「他們為什麼要這樣做？」他終究沒能找到答案，「這裡究竟發生了什麼事情？」終於，唧唧睜開了眼睛，朝周圍看了看說：「順便問一下，嗅嗅和匆匆現在在哪裡？你是否覺得他們知道某些我們還不知道的事情？」

「那兩個弱智，他們能知道些什麼？」哼哼的語氣中充滿了不屑。

他繼續說：「他們只是頭腦簡單的老鼠，他們只會對發生的事情做出簡單的反應。而我們是機靈聰明的小矮人，我們比老鼠有頭腦。我們應該能夠推測出這裡的情況。」

「我知道我們更聰明，」唧唧說，「但是，我們現在的行為好像並不怎麼聰明。我們周圍的情況已經發生了變化，哼哼，也許我們需要做出一些改變，去做點什麼不同的事情。」

「我們為什麼要改變？」哼哼問道，「我們是小矮人，我們是不一樣的。這樣的事情不應該發生在我們的身上。即使出現了這樣的情況，我們至少也應該從中得到一些補償。」

「為什麼我們應該得到一些補償呢？」唧唧問。

「因爲我們有這樣的權利。」哼哼宣稱。

「有什麼樣的權利？」唧唧不明白。

「有擁有我們乳酪的權利。」

「爲什麼？」唧唧還是不明白。

「因爲這個問題不是我們引起的，」哼哼說，「是某些別有用心的人製造了這個局面，而不是我們，所以我堅持認爲我們總應該從中得到些補償。」

「也許我們應該停止這種無用的分析，」唧唧提議，「分析問題到此爲止。在我們還沒有被餓死之前，我們應該趕緊出發去找新的乳酪。」

「噢，不！」哼哼反對說，「我們快要找到問題的根源了，要知道，我們曾經擁有過那麼多、那麼好的乳酪啊！」

當哼哼和唧唧還在爭執著試圖決定該怎麼辦的時候，嗅嗅和匆匆已經在很順利地做他們的事情了。他們進入了迷宮的更深處，走過一條又一條走廊，在每一個他們遇到的乳酪站裡仔細尋找著乳酪。

除了傾盡全力地尋找新的乳酪，他們並不考慮任何別的事情。

有好一段時間，他們找得很辛苦卻一無所獲。直到他們走進迷宮中一個他們從未到過的地方：乳酪N站。

他們高興得尖叫起來，他們終於發現了他們一直在尋找的東西：大量新鮮的乳酪。

他們簡直不敢相信自己的眼睛，這是他們見過的最大的乳酪倉庫。

而與此同時，哼哼和唧唧仍然待在乳酪C站，對他們目前的處境進行揣摩。他們正在忍受著失去了乳酪的痛苦，挫折感、饑餓感和由此而來的憤怒緊緊圍繞著他們，折磨著他們，他們甚至爲陷入眼前的困境而相互指責。

唧唧仍然時時想起他的老鼠朋友，猜想他們現在是否已經找到了乳酪。他相信他們也許過得很困難。在迷宮中穿行，總會面臨許多難以預料的事情。但他也知道，什麼事情也得有不容易的一個階段。

有時，唧唧會想出嗅嗅和匆匆已經找到了新的乳酪並正在享用他們的情景。他忽然有一種衝動，想到迷宮中冒險去尋找新的乳酪。在迷宮中探險，找到新的乳酪並盡情享用，這一切該是多麼的美好啊！想到這裡，他覺得彷彿自己已經嘗到了新鮮乳酪的美味。

正在尋找和享用新的乳酪，這樣的情景在唧唧的頭腦中越來越清晰。他覺得自己越來越想離開乳酪C站，出發去尋找新的乳酪。

突然，他大聲宣佈道：「我們走吧！」

「不！」哼哼很快做出了反應：「我喜歡這裡。我只熟悉這裡，這裡很好很舒服。

再說，離開這裡到外面去是很危險的。」

「不會的，」唧唧說，「以前我們也曾經到過這個迷宮中的許多地方，我們還可以再去其他地方找找看。」

「我覺得自己已經有些老了，不能再做這種跑來跑去到處冒險的事了。」哼哼說，「而且，我也不想像個傻瓜似的，時常迷路。你覺得呢？」聽哼哼這麼一說，失敗的恐懼感又襲上了唧唧的心頭，他的那點發現新乳酪的希望又逐漸消退了。

就這樣，這兩個小矮人繼續做著以前每天所做的事。他們仍然每天都去乳酪C站，發現還是找不到乳酪，然後懷著憂慮和挫敗的心情回到家裡。

他們試圖否認眼前發生的一切，開始失眠，力氣一天比一天小，變得越來越煩躁易怒。

他們的家，也不再是美好舒適的地方。他們睡不上一個安穩覺，而且每晚的時光都伴著找不到乳酪的噩夢度過。

但他們仍然每天回到乳酪C站，仍然每天在那裡等待。

哼哼說：「你知道，如果我們再努力一些，我們也許會發現事情並沒有發生太大的變化。乳酪也許就在附近，他們也許只是被人藏到牆的後面去了。」

第二天，哼哼和唧唧帶了工具回到乳酪C站。哼哼拿著鑿子，唧唧則用錘子敲打。他們費了九牛二虎之力，終於在牆上打出了一個洞，朝裡面窺視，卻依舊沒有發現乳酪的蹤跡。

儘管他們感到非常失望，但他們仍然相信問題會得到解決，以後，他們起得更早，工作時間更長、更努力。但是，一段時間以後，他們得到的只是一個個更大的空洞。

唧唧開始認識到行動和結果之間的區別。

「也許，」哼哼說，「我們只需要坐在這裡，看看到底會發生什麼事情。遲早他們會把乳酪再送回來的。」

唧唧希望他說的是真的。這樣，他每天回家休息，然後勉強陪著哼哼去乳酪C站察看情況。但是，乳酪始終沒有再出現。

由於焦慮和饑餓，這兩個小矮人已經變得有些虛弱。唧唧已經開始厭倦等待——完全被動地等著狀況自己發生好轉。他開始明白，他們在乳酪C站等待的時間越長，情況只會變得越糟糕。

唧唧明白，他們正失去自己的優勢。

終於，有一天，唧唧開始自己嘲笑起自己來了：「唧唧呀唧唧，看看你自己吧！你居然每天重複同樣的錯誤，還總是奇怪、懷疑爲什麼情況還沒有得到改善，還有什麼比你這種做法更可笑的呢？這如果不是荒謬，就是滑稽。」

唧唧並不想再到迷宮中去奔波。他知道他可能會迷路，而且他也不知道究竟應該到哪兒去尋找新的乳酪。但當他明白正是他的恐懼感使他如此裹足不前、坐以待斃的時候，他嘲笑自己的愚笨。

他問哼哼：「我們的運動衣和慢跑鞋放到哪裡去了？」他花了很長時間才翻出了那些運動裝備。當初，他們在乳酪C站找到乳酪以後，就把鞋啊什麼的都扔到一邊去了，因爲他們滿以爲再也不會需要這些玩意兒了。

當哼哼看到他的朋友穿上運動服時，他說，「你不是真的要到迷宮中去吧？你爲什麼不留下來，和我一起在這裡等，等著他們把乳酪送回來？」「因爲如果這麼做，我們將永遠不會得到那些乳酪，」唧唧大聲說，「不會有人把乳酪送回來了，現在已經到了去尋找新的乳酪的時候了，不要再想那些早已不存在的乳酪了！」

哼哼爭辯說：「但是如果外面也沒有乳酪怎麼辦？或者，即使有乳酪，但你找不到，又怎麼辦？」

「我不知道。」唧唧不耐煩地說。同樣的問題，他已經問過自己多少遍了。他又感到了那種使他停滯不前的恐懼感。

但是馬上，他又想到如果真的找到了新的乳酪呢？那種享受新乳酪的喜悅再度鼓起了他的勇氣。他最後問自己：「你希望到哪裡去找乳酪——這裡還是迷宮中？」

於是他腦中出現了一幅圖畫，他看見自己面帶微笑地在迷宮中探險。

這樣的景象讓他有些驚異，他發現自己終於克服了再次進入迷宮的恐懼。他看見自己在迷宮中迷了路，但仍然滿懷信心地在那裡尋找新的乳酪，一切美好的事物都隨之而來。他又重新找回了自己的勇氣。

於是，他儘量發揮自己的想像力，在腦海中爲自己描繪了一幅他最信賴的、最具現實感的圖畫——他在尋找和品嘗新的乳酪。

他彷彿看見自己坐在一大堆乳酪中央，正在盡情品嘗各種乳酪，像蜂窩狀的瑞士乳酪、鮮黃的英國切達乾酪、美國乳酪和義大利乾酪，還有美妙又柔軟的法國卡米伯特乳酪，等等。唧唧簡直想得入了神，直到他聽見哼哼在一邊嘟囔著什麼，他才意識到自己仍然還站在乳酪C站。

於是唧唧轉過身來對哼哼說：「哼哼，有時候，事情發生了改變，就再也變不回原來的樣子了。我們現在遇到的情況就是這樣。這就是生活！生活在變化，日子在往前走，我們也應隨之改變，而不是在原地踟躕不前。」

唧唧看著他那因饑餓和沮喪而顯得有些憔悴的朋友，試圖給他分析一些道理。但是，哼哼的畏懼早已變成了氣惱，他什麼也聽不進去。

唧唧並不想冒犯他的朋友，但是他還是忍不住要嘲笑他們自己，因爲現在看起來他們倆真是又狼狽又愚蠢。

當唧唧準備要出發的時候，他覺得自己整個人都變得充滿了活力，他挺起了胸膛，他的精神開始振作起來：「讓我們出發吧。」

唧唧大笑著宣稱：「這是一個迷宮的時代！」

哼哼笑不出來，他幾乎沒有任何反應。

唧唧拾起一塊堅硬的小石頭，在牆上寫下一句懇切的話，留給哼哼去思考。他沒有忘記自己的習慣，在這句話的周圍畫上乳酪的圖案。唧唧希望這幅畫能給哼哼帶來一絲希望，會對哼哼有所啓發，並促使哼哼起身去追尋新的乳酪。但是哼哼根本不想朝牆上看一眼。

——摘自《誰搬走了我的乳酪》面對新的情況，他們毫無準備

人生啟示

《誰搬走了我的乳酪》寫的是個可愛的寓言故事，每頁都配有主人翁滑稽可愛、個性鮮明的漫畫形象。就是這本不起眼的小書，在歐美創造了出版業的奇蹟。自一九九八年九月出版後，兩年中銷售兩千萬冊，同時迅速躍居《紐約時報》、《華爾街日

報》、《商業週刊》最暢銷圖書排行榜第一名。

書中主要講述了四個「人物」——兩隻小老鼠「嗅嗅」「匆匆」和兩個小矮人「哼哼」、「唧唧」。他們生活在一個迷宮裡，乳酪是他們每天所追尋的東西。他們有一天同時發現了一個儲量豐富的乳酪倉庫，便在其周圍構築起自己的幸福生活。但不幸的是，在將來的某天，乳酪突然不見了！這個突如其來的變化使他們的心態暴露無遺，嗅嗅、匆匆隨變化而動，立刻穿上掛在脖子上很久的鞋子，開始出去再尋找屬於他們的乳酪，並很快就找到了更新鮮、更豐富的乳酪；兩個小矮人哼哼和唧唧面對變化卻猶豫不決，煩惱叢生，始終無法接受乳酪已經消失的殘酷現實。經過激烈的思想鬥爭，唧唧終於衝破了思想的牢籠，穿上久置不用的跑鞋，重新進入漆黑的迷宮，並最終找到了更多更好的乳酪，而哼哼卻仍在對蒼天的追問中鬱鬱寡歡……

現代的社會是一個瞬息萬變的資訊時代，每個人都要和時代同步，緊跟時代的步伐，才能夠與時俱進，安身立命，因爲每個人的乳酪隨時會被他人拿走，世上的一切不可能是不變的，面對得失，如果一味怨天尤人，只知道追問「誰搬走了我的乳酪？」而不能夠很快適應新的變化，陷入困惑中不能自拔，故步自封，活在海市蜃樓般的「幻想」裡面，不知覺悟，還自我安慰「麵包會有的」，「乳酪會回來的」，等發現失去的乳酪再也不會回來的時候，終會追悔不已的，因爲天上不會掉餡餅的，等待只能讓我們有限的光陰慢慢逝去。要想尋找到更好的乳酪，就要學習兩隻小老鼠「嗅嗅」和「匆匆」，立即行動，馬上出去尋找，簡單的思維往往能夠突破顧慮過多帶來的障礙，而走向光明，創造成功，重新獲得新鮮可口的乳酪。

對於任何一個人來說，生活總是有太多的變化，變化無時無處不在發生，無論我們是否害怕變化的到來。如果我們能夠儘快調整自己適應變化，用一種全心的眼光迎接生命中的每一次變化，相信我們完全可以做得更好。面對突如其來的變化時，我們會害怕，會感到無所適從，這很正常。只要我們能夠正確地看待變化，它終將會被成功的喜悅所取代。我們無須拒絕變化，我們完全可以改變對變化的態度，在變化中享受變化，擁抱變化，迎接變化。

變化是永恆的。儘管還有如同哼哼一般因害怕變化而否認變化，怨天尤人的人在，但如唧唧一樣及時調整自己去適應變化的人也越來越多了，這是時代和社會的發展所致。卡內基在《人性的弱點》中說，不要爲打碎的玻璃杯而傷心。我們也不要爲記憶中的「乳酪」而嚮往，那只會是「白頭宮女話玄宗」的無奈和一廂情願的神往。我們需要的是發現適合自己的道路，擺脫安逸，超越恐懼，伺機而動，尋找新的「乳酪」。生活不會因爲某個人的意願而改變，只有不斷地改變自己，積極地面對生活中的種種不幸，只有這樣，我們才能夠找到「新」的乳酪。

當然「乳酪」只是個象徵性的比喻，代表我們生命中重要的東西，可能是一份工作，也可能是金錢、愛情、幸福、健康或心靈的安寧，也或許是一種生活的意願等，「迷宮」象徵著你花時間尋求著的東西所在的地方。當一位被變化所困惑的人面對變化不知所措時，《誰搬走了我的乳酪》就像一位智者，叫你如何真正地發現自己的問題所在。

這本書的偉大之處在於教我們認識到變化是一種必然的人生規律，讓我們學會在變化發生之前，做好相應的準備，包括行動準備和心理準備，「生於憂患，死於安樂」，所以「居安思危」的憂患意識一定要保持，時刻充滿激情，有著靈敏的嗅覺和匆匆的行動，並學會像「唧唧」一樣，通過吸取經驗和教訓，能在資訊萬變的社會中不斷地改變自己，跟上社會的步伐，不被社會所淘汰；並像「唧唧」一樣在變化中不斷地調整自己的心態，用最好的心態去奮鬥。

作者簡介

斯賓塞．詹森，美國人，南加利福尼亞大學心理學學士，皇家外科醫學院的醫學博士，哈佛醫學院的實習醫生。同時他還是享譽全球的思想先鋒、演說家和作家。他的許多觀點，使成千上萬的人發現了許多生活中的簡單真理，使他們的生活更健康、更成功、更輕鬆。

面對複雜的問題提出簡單有效的解決方法，在這方面，他被認為是最好的專家。

他是許多暢銷書的著作者或合著者。他所著的《誰搬走了我的乳酪》一書中提供了應對變化的極好方法。他與傳奇式管理諮詢專家肯尼斯．布蘭查德博士合著的《一分鐘經理人》，在《紐約時報》暢銷書排行榜上名列第一，是經典的商業圖書，曾持續出現在許多著名的暢銷書排行榜上，並且成為世界上最受歡迎的管理方法之一。

他還寫了許多其他的暢銷書，包括《珍貴的禮物》──成了備受鍾愛的禮物；《是或不》──成了人們的決策指南；《道德故事》──成了最受歡迎的兒童德育讀物；還有「一分鐘系列」裡的其他五本書：《一分鐘銷售》、《一分鐘母親》、《一分鐘父親》、《一分鐘老師》和《一分鐘的你自己》。

他的書成為許多媒體特別介紹的對象，這些媒體包括：CNN、《今日表演》、金賴瑞現場、《時代雜誌》、《商業週刊》、《紐約時報》、《華爾街日報》、《今日美國》、聯合出版社和聯合國際社。

斯賓塞．詹森博士的書已經被譯成二十六種語言，在世界範圍內廣泛傳播，並深受歡迎。

勵志名言

❶再完美的計畫也時常遭遇不測。
❷乳酪對你越重要，你就越想抓住它。
❸面對新的情況，他們毫無準備。
❹如果你不改變，你就會被淘汰。
❺如果你無所畏懼，你會怎樣做呢？
❻朝新的方向前進你就會發現新的乳酪。
❼當你超越了自己的恐懼時，你就會感到輕鬆自在。
❽在我發現乳酪之前，想像我正在享受乳酪，這會幫我找到新的乳酪。
❾在迷宮中搜尋比停留在沒有乳酪的地方更安全。
❿當你發現，你會找到新的乳酪，並且能夠享用它時，你就會改變你的路線。
⓫你不必把事情過分複雜化，或者一味地讓那些驚恐的念頭使自己感到慌亂。
⓬不斷地去享受變化。
⓭隨著乳酪的變化而變化，並享受變化！
⓮遲做總比不做的好。
⓯經常聞一聞你的乳酪，你就會知道，它什麼時候開始變質。
⓰越早放棄舊的乳酪，你就會越早發現新的乳酪。

⑰這就是生活！生活在變化，日子在往前走，我們也應隨之改變，而不是在原地踟躕不前。

⑱當你發現你會找到新的乳酪，並且能夠享用它時，你就會改變你的路線。

⑲儘早注意細小的變化，這將有助於你適應即將來臨的更大的變化。

⑳做好迅速變化的準備，不斷地去享受變化，記住，他們仍會不斷地拿走你的乳酪。

改變千萬人一生的16部著作

作者：汪建民
發行人：陳曉林
出版所：風雲時代出版股份有限公司
地址：10576台北市民生東路五段178號7樓之3
電話：(02) 2756-0949
傳真：(02) 2765-3799
執行主編：劉宇青
美術設計：吳宗潔
行銷企劃：張慧卿、林安莉
業務總監：張瑋鳳

初版日期：2018年4月
版權授權：呂長青
ISBN ：978-986-352-548-6

風雲書網：http://www.eastbooks.com.tw
官方部落格：http://eastbooks.pixnet.net/blog
Facebook：http://www.facebook.com/h7560949
E-mail：h7560949@ms15.hinet.net
劃撥帳號：12043291
戶名：風雲時代出版股份有限公司

風雲發行所：33373桃園市龜山區公西村2鄰復興街304巷96號
電話：(03) 318-1378
傳真：(03) 318-1378
法律顧問：永然法律事務所 李永然律師
北辰著作權事務所 蕭雄淋律師

行政院新聞局局版台業字第3595號 營利事業統一編號22759935
©2018 by Storm & Stress Publishing Co.Printed in Taiwan
◎ 如有缺頁或裝訂錯誤，請退回本社更換

定價 ：280元

版權所有 翻印必究

國家圖書館出版品預行編目資料

改變千萬人一生的16部著作 / 汪建民 著. -- 初版.
-- 臺北市：風雲時代，2018.03- 面；公分

ISBN 978-986-352-548-6（平裝）

1.推薦書目

012.4 107001569

風雲時代

風風雲時代 風風雲時代 風風雲時代 風風雲時代 風風雲時代 風風雲時代 風風雲時代
雲時代 風風雲時代 風風雲時代 風風雲時代 風風雲時代 風風雲時代 風風雲時代 風風
風風雲時代 風風雲時代 風風雲時代 風風雲時代 風風雲時代 風風雲時代 風風雲時代
雲時代 風風雲時代 風風雲時代 風風雲時代 風風雲時代 風風雲時代 風風雲時代 風風
風風雲時代 風風雲時代 風風雲時代 風風雲時代 風風雲時代 風風雲時代 風風雲時代
雲時代 風風雲時代 風風雲時代 風風雲時代 風風雲時代 風風雲時代 風風雲時代 風風
風風雲時代 風風雲時代 風風雲時代 風風雲時代 風風雲時代 風風雲時代 風風雲時代
雲時代 風風雲時代 風風雲時代 風風雲時代 風風雲時代 風風雲時代 風風雲時代 風風
風風雲時代 風風雲時代 風風雲時代 風風雲時代 風風雲時代 風風雲時代 風風雲時代
雲時代 風風雲時代 風風雲時代 風風雲時代 風風雲時代 風風雲時代 風風雲時代 風風
風風雲時代 風風雲時代 風風雲時代 風風雲時代 風風雲時代 風風雲時代 風風雲時代
雲時代 風風雲時代 風風雲時代 風風雲時代 風風雲時代 風風雲時代 風風雲時代 風風
風風雲時代 風風雲時代 風風雲時代 風風雲時代 風風雲時代 風風雲時代 風風雲時代
雲時代 風風雲時代 風風雲時代 風風雲時代 風風雲時代 風風雲時代 風風雲時代 風風
風風雲時代 風風雲時代 風風雲時代 風風雲時代 風風雲時代 風風雲時代 風風雲時代
雲時代 風風雲時代 風風雲時代 風風雲時代 風風雲時代 風風雲時代 風風雲時代 風風
風風雲時代 風風雲時代 風風雲時代 風風雲時代 風風雲時代 風風雲時代 風風雲時代
雲時代 風風雲時代 風風雲時代 風風雲時代 風風雲時代 風風雲時代 風風雲時代 風風
風風雲時代 風風雲時代 風風雲時代 風風雲時代 風風雲時代 風風雲時代 風風雲時代
雲時代 風風雲時代 風風雲時代 風風雲時代 風風雲時代 風風雲時代 風風雲時代 風風
風風雲時代 風風雲時代 風風雲時代 風風雲時代 風風雲時代 風風雲時代 風風雲時代
雲時代 風風雲時代 風風雲時代 風風雲時代 風風雲時代 風風雲時代 風風雲時代 風風
風風雲時代 風風雲時代 風風雲時代 風風雲時代 風風雲時代 風風雲時代 風風雲時代
雲時代 風風雲時代 風風雲時代 風風雲時代 風風雲時代 風風雲時代 風風雲時代 風風
風風雲時代 風風雲時代 風風雲時代 風風雲時代 風風雲時代 風風雲時代 風風雲時代
雲時代 風風雲時代 風風雲時代 風風雲時代 風風雲時代 風風雲時代 風風雲時代 風風
風風雲時代 風風雲時代 風風雲時代 風風雲時代 風風雲時代 風風雲時代 風風雲時代
雲時代 風風雲時代 風風雲時代 風風雲時代 風風雲時代 風風雲時代 風風雲時代 風風
風風雲時代 風風雲時代 風風雲時代 風風雲時代 風風雲時代 風風雲時代 風風雲時代
雲時代 風風雲時代 風風雲時代 風風雲時代 風風雲時代 風風雲時代 風風雲時代 風風
風風雲時代 風風雲時代 風風雲時代 風風雲時代 風風雲時代 風風雲時代 風風雲時代
雲時代 風風雲時代 風風雲時代 風風雲時代 風風雲時代 風風雲時代 風風雲時代 風風
風風雲時代 風風雲時代 風風雲時代 風風雲時代 風風雲時代 風風雲時代 風風雲時代
雲時代 風風雲時代 風風雲時代 風風雲時代 風風雲時代 風風雲時代 風風雲時代 風風
風風雲時代 風風雲時代 風風雲時代 風風雲時代 風風雲時代 風風雲時代 風風雲時代
雲時代 風風雲時代 風風雲時代 風風雲時代 風風雲時代 風風雲時代 風風雲時代 風風
風風雲時代 風風雲時代 風風雲時代 風風雲時代 風風雲時代 風風雲時代 風風雲時代
雲時代 風風雲時代 風風雲時代 風風雲時代 風風雲時代 風風雲時代 風風雲時代 風風
風風雲時代 風風雲時代 風風雲時代 風風雲時代 風風雲時代 風風雲時代 風風雲時代
雲時代 風風雲時代 風風雲時代 風風雲時代 風風雲時代 風風雲時代 風風雲時代 風風
風風雲時代 風風雲時代 風風雲時代 風風雲時代 風風雲時代 風風雲時代 風風雲時代
雲時代 風風雲時代 風風雲時代 風風雲時代 風風雲時代 風風雲時代 風風雲時代 風風
風風雲時代 風風雲時代 風風雲時代 風風雲時代 風風雲時代 風風雲時代 風風雲時代